E-Royalties

Tjäna pengar på att sälja böcker på Amazon, utan att du behöver skriva böckerna själv

Christian Öberg

Innehåll

Introduktion

Det här håller inte längre, sa jag högt för mig själv en sen sommarkväll 2016. Jag måste hitta något annat. Visst, mitt pokerspelande genererade en hyfsat stabil extrainkomst vid sidan av jobbet, men den kom med ett högt pris. De flesta gynnsamma pokerspelen var på kvällen, sessionerna var alltid flera timmar långa och de ekonomiska svängningarna började tära på mig. Jag kände mig redo att lägga korten på hyllan och testa något nytt. Och den här gången skulle det vara något som kunde generera pengar när jag låg och sov.

Du vet kanske vilken känsla jag hade den där sommarkvällen. Känslan av att någonting inte riktigt stämmer, att det är dags att gå vidare. Det är ofta enkelt att sätta fingret ungefär på vad som inte känns helt rätt, men ibland nästan omöjligt att se en väg ut. "Om jag inte ska ha poker som en sidoinkomst, vad ska jag då göra?", frågade jag mig själv. Det är ungefär samma känsla som att vara fast på ett jobb du inte trivs med. Det är uppenbart att jobbet är fel, men hur ska du komma därifrån? Du vet att du måste ersätta jobbet med ett annat jobb, men vilket?

Att vara fast i något som är *tillräckligt bra* för att inte vara dåligt, oavsett om det är ett jobb, en relation eller ett pokerspelande som slukar mycket tid, är livets största fiende. Det är som att gå runt med handbromsen halvt åtdragen. Vardagen rullar långsamt framåt, men det är med ett konstant motstånd och något som skaver i bakgrunden.

Den där kvällen började jag googla efter andra, för mig nya, sätt att tjäna pengar på nätet. Helst av allt ville jag hitta en affärsmodell som kunde generera passiv inkomst – något jag tidigare bara hade läst om i ekonomiböcker men som alltid lyftes fram som den heliga gralen av inkomster. Efter en liten stunds surfande på olika sajter kom jag in på den kanadensiska sajten *Project Life Mastery*. Jag fastandet direkt. Intrycket jag fick av sajtens ägare, Stefan James, var att han var en reko kille och han satte dessutom ord på flera av mina tankar och funderingar. Han pratade om att vägen ut ur ekorrhjulet, vägen till ekonomisk frihet, var att sluta byta sin tid mot pengar. Han pratade om passiv inkomst. Bingo! Det var precis det jag letade efter.

Stefans modell för att generera passiv inkomst på nätet var att publicera och sälja böcker på Amazon. Det i sig var inte särskilt revolutionerande, men det som stack ut var att han inte skrev böckerna själv. Han anlitade spökskrivare som skrev böckerna åt honom, mot ett engångsbelopp på ett par hundra dollar per bok. Stefan såg böckerna som digitala tillgångar, likt en aktie som genererar utdelning, och han publicerade böckerna under påhittade författarnamn. Med den här modellen fick han själv alla pengar från försäljningen, under all framtid. Hur smart?!

Uppfylld av energi och förhoppningar började förändringens vindar blåsa full storm hemma i mitt lilla pokerkontor. Jag slukade alla Stefans artiklar om att sälja spökskrivna böcker på Amazon och det dröjde inte många veckor tills jag hade min första egna bok ute på Amazon. Det var en bok som handlade om time management. Att säga att jag var entusiastisk inför att testa ett nytt sätt att tjäna pengar på nätet var en underdrift. Jag minns hur jag drömde mig bort om hur mycket royalties den där boken skulle dra in. Till min besvikelse sålde den ingenting. Noll. Och det var precis samma visa med mina nästföljande fyra böcker. "Det här med att sälja böcker på Amazon kanske inte fungerar ändå?", tänkte jag. Det kanske bara var ett i raden av alla online-scams och jag hade trampat rakt i fällan.

Men så när jag publicerade min sjätte bok hände något. Boken började sälja. Den sålde inte mycket, bara några ex i veckan, men för mig var det tillräckligt med bevis för att det här fungerade.

Låt oss nu spola fram tiden några år. Sedan jag publicerade mina första böcker 2016 har jag publicerat *många fler* böcker i flera olika nischer och jag har successivt byggt upp en portfölj av böcker som genererar en stabil passiv inkomst varje månad. När jag skriver detta har mina böcker totalt sålt över 30 000 ex och genererat över $100,000, vilket jag såklart är nöjd med, men trots det känns det fortfarande som att jag bara skrapar på ytan av vad som egentligen går att åstadkomma genom att sälja böcker på Amazon.

Du som läser det här har kanske drömmar om att bygga upp en extrainkomst på nätet för att du ska kunna gå ner i arbetstid, för att ha råd att resa mer eller för att du vill ha möjligheten att spara och investera mer pengar för framtiden. Att publicera och sälja böcker på Amazon är ett sätt som kan ge dig den där passiva extrainkomsten som gör det möjligt.

Fördelarna med att sälja böcker är många och en av de största fördelarna med att sälja just böcker är att boken som produkt har funnit sedan urminnes tider. Vi människor har alltid läst böcker och kommer sannolikt alltid att göra det, vilket betyder att en bok har möjlighet att generera intäkter i många år framöver. En annan sak som är bra med att sälja böcker på just Amazon är mängden trafik som strömmar till sajten. Över 80 miljoner människor besöker Amazon varje dag!

Den här boken innehåller allt du behöver veta för att du ska kunna publicera dina egna böcker på Amazon, både med hjälp av spökskrivare, eller för dig som hellre vill skriva själv. Allt jag har lärt mig om att sälja böcker på Amazon, från att jag först surfade in på Project Life Mastery den där sommarkvällen, till alla kurser, böcker och inte minst samtal med andra Amazonutgivare, tillsammans med mina egna tester och analyser finns samlat på de kommande sidorna.

Mitt mål med den här boken är att du, efter att du har läst klart, har lärt dig hur du gör för att tillverka, publicera och marknadsföra böcker på Amazon som kan generera inkomst till dig varje månad. Jag hoppas att jag lyckas leverera det till dig.

1. Amazonpublicering exploderar som passiv inkomst-business

Inom bokbranschen skiljer man på traditionell utgivning och egenutgivning. Traditionell utgivning innebär att det finns ett bokförlag med i bilden. Egenutgivning å andra sidan innebär att författaren ger ut sin bok på egen hand, utan hjälp av ett förlag. På engelska benämns egenutgivning *self publishing*. Amazon lanserade sin self publishing-tjänst *Kindle Direct Publishing* (KDP) redan i november 2007.

Om jag går tillbaka och försöker hitta information om när det börjar skrivas om self publishing på Amazon som en passiv inkomst-business dröjer det dock ända till mitten av 2010-talet innan de första blogginläggen tar upp ämnet överhuvudtaget. Den som då stod i centrum och som också anses vara den som gjorde self publishing på Amazon mer mainstream var Stefan James på Project Life Mastery. Det som gjorde att folk fick upp ögonen för just honom var att han attraherade en publik som i grunden främst var mer intresserade av att tjäna pengar än att ge ut böcker.

Stefans approach till self publishing på Amazon gick helt och hållet ut på att använda böckerna som ett verktyg för att generera passiv inkomst. För att åstadkomma det outsourcade han så mycket som möjligt av tillverkningsprocessen av en bok. Han anlitade billiga spökskrivare som skrev texten, billiga designers som gjorde omslagen och billiga assistenter som skötte marknadsföringen av böckerna. På så vis kunde han publicera många böcker till en låg kostnad på väldigt kort tid och han var inte beroende av att en ensam bok skulle bli en bästsäljare. Stefans modell gick ut på att bygga upp en stor portfölj av böcker som sålde tillräckligt bra för att kunna generera passiva royalties, ungefär som att ha en aktieportfölj som genererar passiv inkomst via aktieutdelningar.

Innan Stefan började skriva öppet om vad han gjorde trodde nog de allra flesta att man var tvungen att vara författare för att kunna skriva en bok och att det krävdes ett förlag för att kunna publicera den. Stefans strategi med att outsourca tillverkningsprocessen av sina böcker och sen publicera dem själv gjorde att fler fick upp ögonen för möjligheterna med self publishing på Amazon.

Jag kan bara tänka mig hur författarna som kanske slet i år med sina bokmanus måste ha känt när marknaden helt plötsligt dränktes av böcker skrivna av spökskrivare. Innan år 2007 hade författarna kämpat stenhårt för att få bokförlagen att ge ut deras böcker, och nu när de äntligen kunde ge ut sina böcker på egen hand på Amazon började folk (mig själv inkluderad) vallfärda till Amazon för att testa om det verkligen gick att få in passiv inkomst på att publicera spökskrivna böcker. Och till råge på allt med ett enda syfte – att tjäna pengar.

Anledningen till att det fungerar så bra att publicera spökskrivna böcker på Amazon och få böckerna att generera passiv inkomst är tack vare hur Amazon är uppbyggt. I David Gaughrans bok *Amazon Decoded* lyfter David på Amazons motorhuv och förklarar hur Amazons motor fungerar och hur alla delar hänger ihop. Jag ska försöka sammanfatta det i stora drag här för dig, men jag rekommenderar verkligen att du läser *Amazon Decoded* om du vill grotta ner dig ännu mer.

Kriget mellan Yahoo! och Google lade grunden till hur Amazon fungerar idag

Amazons grundare, Jeff Bezos, var en av de första investerarna i Google i början av 2000-talet. Vid den här tiden var Google bara i uppstartsfasen och sökmotormarknaden dominerades av dåtidens jätte Yahoo!. Yahoo! upptäckte ganska tidigt att det var big business att låta företag annonsera sina produkter och tjänster i samband med att någon gjorde en sökning på deras sökmotor. I dagsläget är vi vana vid att det finns annonser överallt på internet, men betald annonsering i samband med informationssök var något helt nytt i början av 2000-talet.

Yahoo! ville självklart tjäna så mycket pengar de bara kunde på sina annonser och lanserade en annonsmodell som gick ut på att den som betalade mest för att synas vid en sökning på ett sökord fick sin annons visad. Om ett företag betalade en dollar för att synas vid en sökning på "weight loss" och ett annat företag betalade två dollar för att synas vid en sökning på samma ord, fick företaget som betalade två dollar sin annons visad. Och detta oavsett om annonsen handlade om "weight loss" eller inte. Den här annonsmodellen ledde till ett krig bland stora företag som försökte synas med sina annonser på så många sökord de bara kunde. Detta drev i sin tur upp annonspriset (och Yahoos! kortsiktiga intäkter) skyhögt, men knuffade samtidigt ut företag med en mindre budget som då inte hade en chans att annonsera på Yahoo! eftersom det blev så dyrt.

För den som hade Yahoo! som sökmotor blev effekten att många annonser som visades inte alls handlade om det som personen sökt efter. Gissningsvis var det både en och två användare som tillslut tröttnade på att se massor av irrelevanta annonser i samband med sina sökningar.

När Google lanserade sitt annonseringsprogram gjorde de därför tvärtom mot vad Yahoo! gjorde. Googles annonsmodell gick istället ut på att visa en så *relevant* annons som möjligt baserat på sökningen som gjordes. Om en person sökte efter "weight loss" ville Google visa annonser som faktiskt hade med "weight loss" att göra. Den stora skillnaden med den här relevansmodellen var alltså att en annons med ett lägre bud kunde visas istället för en annons med ett högre bud, så länge Google trodde att den som gjorde sökningen var mer benägen att klicka på den billigare annonsen. Googles strategi gick således ut på att bygga tillit till sina användare och företagen som annonserade där.

Jeff Bezos stod vid sidan och såg kriget mellan Yahoo! och Google på nära håll, och det han lade märke till var hur Googles strategi som gick ut på att presentera en så relevant annons som möjligt med råge visade sig överträffa Yahoos kortsiktiga "högsta budet vinner"-strategi.

När Jeff Bezos byggde upp Amazon lät han därför relevansfaktorn utgöra kärnan i hela strukturen. Han ville att kunden alltid skulle känna att Amazon presenterade en produkt som kunden i fråga verkligen ville ha. Han satsade hårt på att bygga upp tilliten mellan kunden och Amazon så att kunden skulle komma tillbaka gång på gång och köpa fler och fler produkter.

För dig som vill börja sälja, eller redan säljer böcker på Amazon är detta en särskilt viktig faktor eftersom det innebär att Amazon är intresserad av att rätt kund ska hitta en bok som de med största sannolikhet vill köpa och läsa, oavsett vem författaren är. Amazon lagrar enorma mängder data om alla sina användare och spindeln i hela det här nätet är flertalet algoritmer som tillsammans jobbar dag och natt med att rekommendera rätt bok till rätt kund. De här bokrekommendationerna syns inte bara på Amazons sajt utan också i de e-mails med individanpassade bokrekommendationer som Amazon skickar ut till sina kunder flera gånger i veckan.

Rekommendationsmotorn, i kombination med relevansfokus och de uppemot 80 miljoner dagliga besökare som Amazon har, är vad som gör att du som vill ge ut dina egna böcker har goda möjligheter att sälja massor av böcker på Amazon, även om du inte är en etablerad författare.

2. Se dig själv som en författar*prenör*

Vet du hur många ofärdiga böcker som ligger och samlar damm hemma i aspirerande författares byrålådor i väntan på att författaren i fråga ska känna sig *motiverad* att fortsätta skriva? Tiotusen? Hundratusen? Tio miljoner ofärdiga böcker? Jag kan omöjligt veta det exakta antalet, men jag är säker på att det är alldeles för många!

I början av din bokutgivningskarriär är det lätt att känna hur motivationen bubblar inombords, och det med all rätt. Att ge ut sina egna böcker på Amazon är roligt. Att känna entusiasm och vara fylld av energi inför det är en bra sak. Själv får jag alltid en motivations-boost när jag börjar med ett nytt bokprojekt på Amazon. Men jag vill ändå flagga för att motivation kan vara farligt. Att förlita dig på att din motivation ska vara källan till din energi, att motivationen ska vara motorn som realiserar din bokidé och ser till att saker blir gjorda är en välbeprövad strategi som *inte* fungerar på lång sikt.

Det farliga, eller rättare sagt det opålitliga, med motivation är att den kommer och går lite som den vill. Ena dagen finns den där och allt känns lätt och roligt, men nästa dag är den som bortblåst och allt känns tungt och tråkigt. Att motivation kan vara bränslet som kickar igång ditt bokprojekt råder det ingen tvekan om, men att motivationen kommer att finnas där vid din sida varje gång du har planerat att jobba med ditt bokprojekt och driva dig framåt genom hela resan är inte något du kan förlita dig på.

Skillnaden mellan de som lyckas bra och de som inte lyckas alls med att tjäna pengar på att publicera och sälja sina egna böcker på

Amazon har till stor del inte med motivation att göra. En framgångs-faktor hos de som lyckas brukar vara att de är beredda på att det är en del jobb och att det är flera delar i publiceringskedjan som måste klaffa för att en bok ska börja sälja och generera intäkter. I stunden har de kanske inte alltid motivation att sätta igång, men det spelar ingen roll för dem som har siktet inställt på att lyckas med sina böcker. Ett uttryck som brukar användas i det här sammanhanget när det pratas om motivation och vad som krävs för att lyckas är *författarprenör.* Jag tycker att det är ett klockrent uttryck då det på ett bra sätt målar upp bilden av att sälja böcker faktiskt är en business. En författarprenör ser på sina böcker som produkter och är medveten om att det krävs mycket mer än en "bra text" för att tjäna pengar på dem.

Min inställning till motivation är till stor del influerad av författare som Robert Greene, Steven Pressfield, Ryan Holiday och Mark Manson. De skriver mycket om att vägen framåt finns på andra sidan av ett hinder och att utveckling sker när vi utsätter oss själva för någon typ av motstånd. På samma sätt som man måste utsätta sina muskler för motstånd för att de ska växa måste vi utsätta vår hjärna för olika typer av motstånd för att vi ska bli mentalt starkare. En stor del av det där mentala motståndet är inte är bekvämt att "pusha" mot, speciellt inte de dagarna då motivationen är låg. Men det är till stor del ett måste för att komma framåt.

Ett konkret exempel på när jag måste hantera det där motståendet är mitt försök att skriva ihop detta kapitel som du läser just nu. Det är inte så att jag är supermotiverad till att skriva just idag, men jag kan heller inte bara skjuta upp skrivandet till en solig dag i framtiden då jag eventuellt kanske känner mig motiverad, eftersom jag inte med säkerhet kan veta att den dagen kommer. Risken med att skjuta upp skrivandet hade inneburit att boken kanske aldrig hade blivit färdig och att den istället hade hamnat i byrålådan och blivit ytterligare en bok i raden av alla ofärdiga böcker.

Att det finns ett visst motstånd och att det nödvändigtvis inte alltid är enkelt att lyckas med att sälja böcker på Amazon är precis vad som gör att det finns ett värde i det. Tänk dig själv om det hade varit superenkelt att ge ut böcker och få dem att sälja. Om tröskeln till att tjäna pengar och generera passiv inkomst hade varit så låg att vem som helst hade kunnat göra det utan minsta motstånd. Vad hade hänt då? Då hade *alla* gjort det. Och vet du vad sådant som i princip alla kan göra ofta har gemensamt? Marknadsmässigt värderas det inte speciellt högt och det är svårt att tjäna några pengar på det.

Men bara för att jag skriver att du inte ska förlita dig på din motivation och att det är bra att det kommer att kännas svårt emellanåt kommer det inte automatiskt att göra det enklare för dig att lyckas, eller hur?! Så hur ska du göra för att lyckas? Det du behöver är ett system som du kan lita på i vått och torrt och som inte är beroende av din dagsform eller din motivation. Ett system som kan bryta ner alla kommande hinder i smådelar och tackla dem var för sig och som ser till att du hela tiden rör dig framåt. Ett system som är som en kompass som visar vägen, även om sikten någon dag är sämre.

Under alla år jag har hållit på med bokutgivning på Amazon har jag försökt utveckla och förfina ett system som gör att jag hela tiden kan publicera nya böcker och utveckla min egen bokbusiness, utan att det gör ett för stort avtryck i min kalender eller tar för mycket av min mentala energi. Jag kallar mitt system för *Publishingsystemet* och det består i huvudsak av tre delar; input, process och output.

Input är de resurser som finns tillgängliga i form av tid, energi och pengar. *Process* är själva allokeringen av resurserna för att få ut max effekt av dem och *Output* är vad input och process tillsammans producerar, vilket mäts i *värde till marknaden*, och i slutändan är det som kommer att vara avgörande för om dina böcker kommer att sälja eller inte.

Input

De flesta som börjar med self publishing på Amazon gör det vid sidan av ett redan fullspäckat schema med heltidsjobb, familj och fritidsaktiviteter. Tiden och energin som kan läggas på ett bokprojekt är då knapp, ofta kanske bara ett par timmar i veckan.

När det kommer till input är ett generellt bra tankesätt att fokusera på att få ut maximalt av resurserna som finns. Om du exempelvis har två timmar i veckan att jobba med din bok, försök göra det bästa av de två timmarna istället för att önska att det fanns mer tid. Detsamma gäller ekonomi. Om du vill ge ut en bok men har begränsat med ekonomiska resurser, då kan du ge ut en kortare bok (lägre kostnad för spökskrivare), skriva boken själv, eller ge ut någon typ av aktivitetsbok (mer om aktivitetsböcker i kapitel 14), för att hålla nere kostnaderna.

Hur du gör det bästa av det du har

Har du hört talas om *Parkinson's Law*? Den säger att en uppgift tar så lång tid som du ger den. Låt säga att du ger dig själv två veckor att jobba fram en bokidé. Enligt Parkinson's Law kommer det då att ta dig två veckor att göra det. Men, om du däremot bara ger dig själv tre dagar att jobba fram en bokidé, då löser du det på tre dagar.

För att få ut det bästa av resurserna du har förespråkar jag en något extrem approach till Parkinson's Law. Tiden du ger dig själv för att gå från noll till att boken finns tillgänglig på Amazons plattform, redo att generera royalties, kommer direkt avspeglas i med vilken energi du tacklar ditt bokprojekt. Speciellt viktigt är detta precis i uppstarten av ditt bokprojekt. Att få in en vana att regelbundet jobba med ditt bokprojekt en eller flera gånger i veckan är bättre jämfört med att sprint-jobba en gång i månaden. Ibland kanske det innebär att all tid du har är 45 minuter i veckan. Då är det ändå bättre att ta tillvara på de 45 minuterna än att inte göra det.

En strategi som jag använder mig av för att få ut det mesta och bästa av den tid jag har är att i så stor utsträckning som möjligt planera i förväg vad som ska göras. De här planeringstillfällena är en egen aktivitet och utförs vid ett eget tillfälle, helt skilt från när jag jobbar. Planeringen går till så att den sker i tre nivåer; kvartalsvis, veckovis samt en plan för varje dag. Kvartalsplanen är en övergripande strategisk planering som i stora drag fungerar som en vägvisare för allt jag vill fokusera på det under det givna kvartalet. Den innehåller allt från relationer, träning, mitt vanliga heltidsjobb och såklart även hur jag avser att utveckla min bokbusiness det närmaste kvartalet. Exempelvis kan det stå att jag ska "researcha nya bokidéer, testa nya marknadsföringsstrategier på bok X och Y, eller jobba med att utveckla och uppdatera några av mina befintliga böcker". Tanken med kvartalsplanen är inte att den ska lista exakta aktiviteter, utan att den istället styr hur jag gör min veckoplanering.

Varje vecka gör jag en veckoplanering som bygger på kvartalsplanen. Oftast gör jag veckoplaneringen på söndag kväll eller måndag morgon. När jag planerar för den kommande veckan tittar jag alltid på kvartalsplanen och försöker lista ut hur jag på bästa sätt kan använda tiden som finns tillgänglig den kommande veckan för att uppnå det som står i kvartalsplanen. Det här innebär att jag får titta på min jobbkalender och min privata kalender och försöka göra en uppskattning av hur mycket tid jag har tillgänglig den kommande veckan för olika aktiviteter. Veckoplaneringen är mycket mer specifik än kvartalsplanen. Om det står att jag ska "researcha nya bokidéer" i kvartalsplanen skriver jag exempelvis om det till att "spendera en timme med att göra research inom New age-nischen" i veckoplanen.

Veckoplaneringen i sin tur styr sedan hur jag planerar mina dagar. Varje dag, innan jag börjar jobba, tittar jag på kalendern för just den dagen och jämför med min veckoplan. Sen försöker jag klura ut hur jag på bästa sätt kan pussla ihop just den dagens aktiviteter, möten och annat som ska göras, så att jag får ut så mycket som möjligt av dagen. Det här innebär att jag redan på morgonen planerar hur jag vill att min jobbdag ska se ut, när jag ska göra vad och hur lång tid jag beräknar att de olika aktiviteterna kommer att ta. Den här dagsplaneringen är inte huggen i sten, beroende på hur dagen utvecklar sig händer det att jag får planera om både en och två gånger. Tanken med den här dagsplaneringen är heller inte att den ska hållas till varje pris, utan tanken är att det ska finnas en medvetenhet kring hur jag på bästa sätt kan få ut det mesta av en arbetsdag och att jag på ett medvetet sätt konfronterar verkligheten av hur lång tid saker och ting tar.

Det som är bra med att planera i tre olika nivåer är att all tankekraft och strategisk planering sker i förväg, sen bygger allt som kommer därefter på att nyttja resurserna till max för att utföra den strategiska planen. Det blir som en kedja där alla aktiviteter har en tydlig koppling till ett långsiktigt mål.

Att planera och vara proaktiv är själva grunden till att få ut det bästa av arbetsdagarna då det eliminerar frågeställningar som "jaha, vad ska jag göra nu då?". När jag planerar på det här sättet behöver jag heller inte ha en inre debatt med mig själv om vad jag ska jobba med härnäst då de besluten redan är tagna högre upp i planeringsstrukturen.

En vanlig kommentar jag brukar få när jag pratar om planering på detta sätt är att det tar mycket tid att planera och att den tiden borde kunna användas till att jobba istället. Det är sant att planering tar tid, men planering är egentligen inte något som tar tid från jobbet utan bör snarare ses som en investering för att kunna få ut maximalt av den tid som finns. Den som inte lägger tid och energi på att tänka igenom och planera i förväg riskerar att hamna i ett väldigt reaktivt arbetssätt där det som alltid är mest brådskade är det som får all uppmärksamhet. Det är också lätt att gå i fällan och "jobba hårt" utan att jobbet egentligen leder någonvart eller har en koppling till ditt långsiktiga mål.

Process

Tänk dig att du stoppar in ett plåtark i en ände av en maskin och att det kommer ut tio plåtburkar i andra änden av maskinen. Det som händer där emellan definieras som en process. En process är alltså det som sker mellan input och output.

I businessammanhang finns det en viss förkärlek till att alltid jaga mer. Mer pengar, fler följare eller fler besökare på hemsidan. För att nå just "mer" brukar enda lösningen vara att jobba "hårdare", alltså att öka mängden input. Men jag skulle vilja påstå att det är ännu en fälla. Om du, precis som jag, har andra intressen i livet än att jobba hela dagarna, har vi inte obegränsat med input. Därför tycker jag att det är intressant att fundera extra noga kring vilken process vi använder oss utav. Om jag använder exemplet med plåtarket och plåtburkarna igen finns det mängder med olika sätt som ett plåtark kan förvandlas till tio plåtburkar. Det går att stoppa in plåtarket i en modern robot som löser allt på ett kick, med ett enda knapptryck. Med det går lika bra att göra plåtburkar med en äldre maskin som kräver omladdning och handpåläggning, bara det att det tar längre tid.

På samma sätt finns det flera olika processer att använda för att gå från noll till en färdig bok på Amazon. Gemensamt för alla processer är att de innehåller en rad olika moment som förvandlar input till output. Enligt mig är en bra process en process som har minimalt med spill mellan de olika stegen i processen. För att illustrera skillnaden på en bra och en mindre bra process kan du tänka dig att du gör research på Amazon efter potentiella bokidéer. Du surfar runt inne på Amazon för att få inspiration och tittar på vilka andra böcker som finns. En bra process skulle då innebära att du samlade ihop all din research i någon typ av dokument som du enkelt kan hitta tillbaka till så att du slapp göra om samma researchjobb igen längre fram. En bra process innebär också att driva en arbetsuppgift till en naturlig avbrotts- eller slutpunkt och att du, innan du slutar för dagen, samlar ihop alla tankar och funderingar om vägen framåt för att slippa onödigt spill mellan arbetstillfällena. Jämför detta med en mindre bra process som skulle kunna innebära att du inte samlade ihop din research, inte samlade ihop dina tankar och funderingar och inte jobbade till en naturlig avbrotts- eller slutpunkt. En sådan mindre bra process resulterar lätt i dubbeljobb och långa uppstartssträckor mellan tillfällena du jobbar.

Kombinationen av att ha en tydlig planeringsstruktur som ser till att rätt arbetsuppgifter utförs på rätt tid tillsammans med en arbetsprocess som eliminerar spill är grunden i Publishingsystemet och enligt mig grunden i att lyckas som författarprenör. Exakt vilka arbetsuppgifter du behöver göra för att publicera en bok som genererar royalties är vad resterande kapitel i den här boken handlar om.

Output

Om det är något som det ofta pratas om i olika onlinebusiness-kretsar så är det att skapa värde. Du har säkert läst inlägg på sociala medier där det brukar tipsas om att man ska skapa "värdefulla inlägg" och ge sin målgrupp något av "värde", men vad betyder det egentligen att skapa värde?

Det är inte alltid självklart vad ordet *värde* betyder. En grundförutsättning för att ens kunna skapa värde är att känna till sin målgrupp och veta vad de *värderar*. Vad som är värdefullt för någon är en subjektiv bedömning, vilket betyder att två personer kan läsa exakt samma bok och den ena kan tycka att boken är värdefull medan den andra tycker att boken är totalt slöseri med tid.

Värde är inte ett nollsummespel

Tidigare i livet var, som du redan vet, ett av mina stora intressen onlinepoker. En förutsättning för att jag ska ha kunnat vinna pengar på att spela poker är per automatik att någon måste ha förlorat pengar. I poker finns det bara ett förutbestämt antal pengar i spel inför varje giv. Poker är med andra ord något man kallar ett nollsummespel. Efter att en pokerhand har avslutats finns varken mer eller mindre än det fanns innan, pengarna har bara bytt ägare.

Om du tänker dig att du har ett nollsummespel på ena sidan av ett spektrum, så kan du tänka dig att "värde" lever på andra sidan samma spektrum. När man pratar om värde menar man med andra ord sådant som inte är ett nollsummespel. Låt säga att du publicerar en bok som gör din målgrupps liv bättre, då har du i praktiken skapat värde. Värdet uppstår genom att du fyller ett tomrum där det inte fanns något innan. Det ska också sägas att om du medvetet publicerar en bok som du vet är dålig, där du inte bryr dig om din målgrupp och där du bara vill att deras pengar ska förflyttas till dig, då har du enligt det här tankesättet inte skapat något värde.

Se Publishingsystemet som en hjälp att strukturera upp ditt bokprojekt
Publishingsystemet med input, process och output kan hjälpa dig att strukturera upp hur du driver ditt bokprojekt framåt utan att det gör ett för stort avtryck i din kalender eller tar för mycket av din mentala energi. Kombinera Publishingsystemet med ett mindset som författarprenör och du har alla förutsättningar för att lyckas nu när det är dags att börja göra research efter en bokidé som du långt innan att du har publicerat boken vet att Amazons kunder vill betala pengar för.

3. Publicera en bok som du vet att Amazons kunder kommer att köpa

En av mina absoluta favoritförfattare är Cal Newport. Han skriver fackböcker inom en relativt smal nisch med fokus på karriärutveckling och produktivitet. Det jag gillar med Cals böcker är att han utmanar återkommande mainstream-tips som att "hitta din passion" och "skriv en to do-list". Cal har skrivit många böcker, bland annat bästsäljarna *Deep Work*, *Digital Minimalism* och *A World Without E-mail*. Han driver även podcasten *Deep Questions* som i stort går ut på att han svarar på lyssnarnas diverse frågor. Titt som tätt svarar Cal på bokutgivningsrelaterade frågor i stil med "hur gör jag för att få en bok utgiven?" eller "kan du dela med dig av några tips på varför ett förlag väljer att ge ut en viss bok?". När den typen av frågor dyker upp höjer jag alltid volymen till max och lyssnar intensivt på vad han har att säga. Cal är ett riktigt superproffs och han sparar inte på krutet i sina utläggningar, som även är till stor nytta för alla oss som ger ut böcker på egen hand, utan hjälp av ett förlag.

Enligt Cal Newport finns det tre kriterier som måste vara uppfyllda för att ett bokförlag ens ska överväga att ge ut en bok. Även om det finns en hel del skillnader mellan att ge ut en bok genom ett riktigt bokförlag och att på egen hand publicera en bok på Amazon, kan dessa kriterier ändå vara nyttiga att känna till. Fundera gärna på hur du kan applicera kriterierna i ditt bokprojekt.

Kriterium ett: Det måste finnas en publik som är beredd att betala pengar för boken.
Tänk dig att du äger ett bokförlag. Vad hade varit viktigt för dig då? Med största sannolikhet hade du haft stort intresse av att böckerna

som förlaget gav ut sålde som smör i solsken, för då hade förlaget - och du - tjänat bra med pengar. Ett bokförlags affärsidé går helt enkelt ut på att ge ut böcker som folk vill *köpa*. För att förlaget ska kunna tänka sig att ge ut en bok måste den därför vara skriven på ett sådant sätt att den riktar sig till en väldefinierad publik.

Som egenutgivare betyder det att själva grunden i boken - *bokidén* - måste vara såpass tydlig att det går att hitta bevis på att det finns en publik som är beredda att betala pengar för den typen av bok. Om det inte finns en publik, då kommer det bli svårt att få boken att sälja.

Kriterium två: Författaren måste vara en tillräckligt bra skribent.
För att bli utgiven som fackboksförfattare genom ett förlag finns det inget krav på att man måste vara känd eller ha vunnit litterära priser. Däremot måste texten i boken hålla tillräckligt hög kvalitet för att läsaren inte ska uppfatta boken som amatörmässigt skriven. Förlaget säkerställer att texten, och boken i övrigt, håller tillräckligt hög kvalitet genom att flera olika professioner som lektörer, redaktörer och formgivare med flera är med och formar texten och utseendet på boken.

Då många av oss som håller på med egenutgivning på Amazon gör det som ett sätt att tjäna pengar har vi nödvändigtvis inget intresse av att skriva våra egna böcker. Istället anlitar flera av oss mer än gärna spökskrivare för det jobbet. Vanligtvis brukar det inte vara några problem att outsourca skrivandet till en spökskrivare då de flesta spökskrivare skriver tillräckligt bra för att inte läsaren ska uppleva texten som amatörmässig. Det är dock ändå viktigt att korrekturläsa texten som spökskrivaren har skrivit för att säkerställa att den håller tillräckligt hög kvalitet. Om du skriver din egen bok är det såklart även då viktigt att du har någon som kan korrekturläsa och säkerställa textens kvalitet.

Kriterium tre: Det måste vara rätt person som skriver boken.

Det tredje och sista kriteriet som Cal brukar prata om är att det ska vara rätt person som skriver boken. Det innebär att ett bokförlag inte kommer att låta vem som helst skriva en bok om vad som helst. Författaren behöver ha erfarenhet av bokens ämne för att boken ska vara trovärdig. Som exempel kan vi tänka oss en person som vill pitcha ett kokboksförlag med en idé om en vegansk kokbok. Då bör personen exempelvis ha erfarenhet av att äta vegansk kost och kanske även vara kunnig inom vegansk näringslära, för att vara "rätt" person att skriva boken.

En av fördelarna med att anlita en spökskrivare och ge ut en bok på egen hand är att du enkelt kan parera det här tredje kriteriet. I princip kan du publicera en bok om vad som helst, även ett ämne du inte har erfarenhet eller kunskap av. Det går nämligen att konstruera bilden av att du är rätt person som ger ut boken genom att ge ut din bok under ett påhittat författarnamn, ett så kallat pseudonym. Att ge ut en bok under ett pseudonym kanske kan kännas fejkat, men det är inte alls ovanligt inom bokbranschen och egentligen ingenting att dra sig för. Själv har jag gett ut majoriteten av mina böcker under pseudonym och ibland har jag till och med publicerat dem under ett påhittat tjejnamn för att kunna måla upp en bättre bild av att böckerna är skrivna av rätt person och därigenom öka böckernas trovärdighet.

Amazon som bokaffär

Amazon är världens största bokaffär. På Amazon finns det över tio miljoner olika böcker i över 13 000 olika bokkategorier. Planerar du för en storslagen fest? Då kan du gå till kategorin *party planning* och scrolla bland hundratals festfixarböcker för att få inspiration och lära dig hur du viker svanservetter som kommer imponera stort på alla dina gäster. Vill du lära din papegoja att prata? Då kan du gå till papegoj-kategorin. Eller vill du hellre läsa en klassisk thriller? Då kan du klicka dig fram till den klassiska thriller-kategorin. På Amazon finns det böcker om precis *allt*, och mer därtill.

En av de vanligaste frågorna jag får från de som är nyfikna på att komma igång med sina egna böcker brukar handla om att hitta en bra bokidé. Frågeställningen brukar lyda något i stil med; *Har du något tips på vad min bok kan handla om? Gärna något som säljer bra, för jag vill inte göra fel och förlora pengar!*

Att gå igenom processen med att jobba fram en bokidé som är värd att publicera brukar vara det första hindret på resan till att tjäna pengar på Amazonutgivning. Att göra bokidé-research kan kännas hopplöst för den som inte hittar en bra bokidé snabbt nog, men inledningsvis, i uppstarten av dina första bokprojekt, är inte målet inte nödvändigtvis att hitta den perfekta bokidén. Målet är istället att hitta en bokidé som är *tillräckligt bra* för att Amazons kunder ska vara intresserande av att betala pengar för att köpa boken.

För mig tog det flera försök innan jag lyckades publicera en bok som Amazons kunder faktiskt ville betala pengar för. Mina fem första böcker floppade totalt, mycket på grund av att mina bokidéer inte var tillräckligt bra. Min förhoppning är att du med hjälp av den här boken ska slippa göra samma misstag som jag och inte behöva publicera fem böcker innan du får igång försäljningen. För att hitta en till-räckligt bra bokidé kan du använda dig av min researchprocess längre fram i kapitlet.

Att skriva till marknaden för non fiction

Inom egenutgivning finns det ett uttryck som heter *writing to market*. Översatt till svenska kan vi kalla det *skriva till marknaden*. Uttrycket har fått spridning efter att Chris Fox gav ut boken *Write to Market: Deliver a Book that Sells*. Det är en bok som i första hand är riktad till fiction-författare (de som skriver skönlitteratur) och som hjälper dem att jobba fram en kommersiellt attraktiv bokidé inom en genre som marknaden efterfrågar. Även om Chris bok främst riktar sig till fiction-författare är själva konceptet med att skriva till marknaden precis lika viktigt inom non fiction. Cal Newports andra kriterium som jag skrev om nyss, att det måste finnas en publik för boken, är delvis vad skriva till marknaden handlar om.

Av erfarenhet vet jag att det kan vara lockande att blunda för att skriva till marknaden och istället skriva och publicera en bok som funnits i tankarna ett tag, exempelvis en bok om sin "egen resa", sin barndom eller om sig själv. Det är absolut inget fel med det. Det viktiga är bara att fundera på vilket mål du har med din bok och anpassa dina förväntningar därefter.

Kommersiella bokidéer

Det första steget när du ska jobba fram din egen bokidé är att fundera lite kort på varför folk överhuvudtaget betalar pengar för att köpa och läsa non fiction-böcker. Är det för underhållningsvärdet? Är det för att personen i fråga är extra intresserad av ett ämne? Är det som tidsfördriv? Det finns såklart flera olika anledningar till varför någon läser non-fiction, men den övervägande majoriteten av alla de som läser non-fiction gör det för att få svar på en frågeställning av något slag. Det är heller inte ovanligt att frågeställningen som läsaren vill ha svar på är en akut frågeställning. För läsaren kan den där akuta fråge-ställningen upplevas som ett problem i dennes liv, där ett svar på den akuta frågeställningen skulle göra livet avsevärt mycket bättre. När tillräckligt många läsare har samma akuta frågeställning uppstår en efterfrågan på en viss typ av böcker. Att leverera svaret på en sådan frågeställning i bokform är helt enkelt att skriva till marknaden.

Tanken med researchprocessen som följer är att den ska hjälpa dig att identifiera en eller flera akuta frågeställningar hos Amazons kunder. När du vet vilken eller vilka frågeställningar det är, kan du forma din bokidé så att den innehåller svaret på just den frågeställningen. Definitionen av att skriva till marknaden är alltså: *hitta en hungrig publik med ett akut behov av att åtgärda ett pressande problem/frågeställning och erbjuda dem lösningen i bokform.*

För att belysa hur skriva till marknaden fungerar i praktiken kan du föreställa dig två till synes likvärdiga böcker där den ena är en bästsäljare och den andra en flopp. Varför säljer den ena men inte den andra? Det kan såklart finnas en rad olika parametrar som spelar in. Vanligtvis utkristalliseras svaret på den frågan om man detaljstuderar den underliggande bokidén och strukturen i respektive bok. Gör man det brukar det bli tydligt att den bästsäljande boken ofta har skriva till marknaden inbyggt i konstruktionen och att allt som har med boken att göra bygger på att den passar in i marknaden och löser en akut frågeställning för en hungrig publik. Det är alltså tydligt vad den *gör* för läsaren. Tvärtom brukar en bok som floppar ofta ha flera brister i presentationen och läsarna förstår inte riktigt vad de kan förvänta sig av boken och avstår därför från att köpa den.

Mycket av det som vi människor kämpar med idag - relationer, hälsa, pengar eller barnuppfostran är sådant som vi kämpade med även för många hundra år sedan och som vi kommer att kämpa med även om många hundra år. Det är frågeställningar som ligger djupt rotade i vår

mänskliga natur och som ständigt är lika akuta och aktuella. Det som
är typiskt för en skriva till marknaden-bok är att den riktar in sig just
på de här akuta, ofta tidlösa, frågeställningarna och de utgör då ofta
grundstommen i boken. Efter att den akuta frågeställningen har
byggts in i boken kläs boken med exempel och idéer som läsaren kan
relatera till.

En sidoeffekt av att se en bok som ett svar på läsarens frågeställningar
eller som en lösning på läsarens problem, är att boken också auto-
matiskt hamnar inom en kommersiell nisch. I en sådan nisch finns
det en efterfrågan, vilket är ett måste om ditt bokprojekt ska kunna
generera intäkter. Ett tecken på att du har hittat en kommersiell nisch
där efterfrågan är hög är att det finns många liknande böcker som på
sätt och vis belyser samma underliggande frågeställning. Att det redan
finns liknande böcker är ett bra tecken. Till skillnad från många andra
produkter är en bok ingen sällanköpsprodukt. De flesta som läser
böcker tenderar att läsa regelbundet och är hela tiden på jakt efter nya
böcker. Tänk dig en läsare som är intresserad av att tjäna mer pengar
och avancera i sin karriär. Hur många karriärböcker tror du att läsaren
kommer köpa över en femårsperiod? Säkerligen flera stycken. Att
boken inte är en sällanköpsprodukt och att läsarna tenderar att hela
tiden köpa nya böcker är viktigt att belysa. Att tveka med att gå vidare
med en bokidé bara för att det finns andra böcker som handlar om
samma sak är alltså inte rätt strategi.

Börja jobba fram en skriva till marknaden-bok
Hittills har det varit mycket teori i den här boken. Vi har bland annat
gått igenom hur Amazon fungerar, hur du kan göra för att få ut det
mesta av dina resurser och vad skriva till marknaden innebär. Nu är
det strax dags att släppa teorin ett tag och gå över till det mer
praktiska arbetet.

Att ge ut en bok på Amazon kräver, som du vet, en bokidé värd att utveckla till en riktig bok, oavsett om du anlitar en spökskrivare eller skriver själv. För att komma igång är mitt förslag att du börjar brainstorma fram olika bokidéer. Brainstorming kanske verkar som en lite väl simpel strategi, men tanken med brainstormingen är att den ska fungera som en inkörsport till olika idéer som du sedan kan undersöka vidare inne på Amazon. I samband med att du är inne på Amazon och undersöker dina bokidéer kommer du att se mängder med andra böcker och på så sätt få ytterligare nya idéer. På sätt och vis blir det som en feedbackloop där du successivt får fler och fler bokidéer och förhoppningsvis också en bättre känsla för vilken akut frågeställning du vill ge svar på i din bok.

Kom igång med brainstorming

Lista så många olika bokidéer du kan komma på. Du kan brainstorma hur brett eller smalt som helst. Det finns inga begränsningar och inga rätt eller fel. Några exempel på bokidéer skulle kunna vara; yoga för nybörjare, hur man blir av med ett beroende, dejting för män 50+, träningstips för hemmaträning eller marknadsföring på sociala medier.

För att underlätta brainstormingen kan du tänka på vad folk i din omgivning brukar prata om att de har för problem. Kanske är de stressade? Kanske har de ett tråkigt jobb som suger ut all deras energi? Är de trötta på sina skrikiga barn? Genom att försöka tänka dig in i situationer där folk i din omgivning uttrycker att de har problem med något kan du forma deras problem eller frågeställning till lämpliga bokidéer. Ett annat sätt att brainstorma är att fokusera på vad du är bra på. Vilka är dina tre bästa kvalifikationer enligt dina vänner? Skriv ner dem på ett papper.

När du brainstormar är det lätt att tänka att "äsch, det där vet ju alla, det där kan jag inte göra en bok om", men tänk på att det som är lätt för dig kan vara ett stort bekymmer för många andra, så skriv ner alla idéer du kommer på!

Filtrera bokidéerna genom skriva till marknaden-filtret

När du har dina olika bokidéer framför dig är det dags att börja stryka de som är mindre bra och behålla de som har potential att bli en bok. För att veta vilka bokidéer som är bra eller mindre bra ska vi låta dem passera genom det som jag kallar *skriva till marknaden-filtret*. Filtret består av fyra frågeställningar, där varje bokidé måste få ett rungande "ja" för att kvalificera sig vidare till nästa fråga. När du låter dina bokidéer passera genom filtret måste du försöka vara så objektiv du bara kan, och försöka se dem ur Amazons kunders perspektiv.

1.   Läser folk ens böcker om [lägg in din bokidé]?

Om svaret på den frågan är nej kan du lägga den bokidén åt sidan direkt. Ett exempel skulle kunna vara att du hade en bokidé om hur man åker inlines, men när du tänker efter inser du kanske att ingen läser böcker om att åka inlines. Det mesta inom den kategorin kanske är videorelaterat, och då är det lika bra att släppa din inlines-bokidé direkt.

2.   Löser din bokidé en akut frågeställning?

Olika frågeställningar är olika akuta. Ju mer akut frågeställning din bok belyser, desto större potential har den att sälja. Du kan få en känsla av hur akut en frågeställning är genom att tänka dig hur troligt det är att någon vaknar upp mitt i natten och artikulerar fråge-ställningen för sig själv. Till exempel är det troligen relativt få som ligger sömnlösa om nätterna på grund av ogräs på uppfarten (ett mindre akut problem), medan desto fler antagligen ligger sömnlösa över att de inte vill fortsätta gå till ett jobb som de avskyr (brådskande att hitta en lösning och alternativa karriärvägar). En bok som löser en akut frågeställning ligger mycket närmare att skriva till marknaden än en bok som löser en icke-akut frågeställning.

3. Belyser din bokidé en tidlös frågeställning?

För att din bok ska kunna sälja i många år framöver är det viktigt att den belyser en tidlös frågeställning. Ett exempel på en tidlös frågeställning är "hur hittar jag en kärlekspartner?". Vi människor har alltid haft frågeställningar kopplade till våra relationer, så om du publicerar en relationsbok belyser du garanterat en ständigt aktuell frågeställning. Om du däremot gör en bok som är väldigt fast i dagens trender och fullproppad med information om hur saker och ting fungerar idag, till exempel en bok om elbilar, riskerar du att boken blir inaktuell så fort någonting inom ämnet utvecklas, eller nyare teknik dyker upp.

4. Är det möjligt för en spökskrivare att skriva boken eller krävs mer djupgående research och kunskap?

Om du vill skriva din bok själv behöver du inte bekymra dig över spökskrivare överhuvudtaget, och kan då bortse från den här frågeställningen i sin helhet. Om du däremot vill publicera böcker utan att skriva själv, då är spökskrivaren en nyckelperson i ditt bokprojekt. En förutsättning är då att spökskrivaren faktiskt kan skriva en läsvärd bok. Det brukar inte vara några problem så länge ämnet i boken inte är alltför tekniskt svårt eller kräver djup detaljkunskap. För dig som vill använda dig av spökskrivare är mitt tips att du lägger mycket kraft på din bokbeställning (hur du skriver en bra bokbeställning kan du läsa om i kapitel 5) så att du ger spökskrivaren förutsättningar att göra ett bra jobb.

Börja med att undersöka efterfrågan

För enkelhetens skull utgår jag ifrån att du kommer att ge ut en bok på engelska. Ta din lista med alla bokidéer som klarade sig genom skriva till marknaden-filtret och översätt dem till engelska sökord/sökfraser. Bokidén ”en bok om investeringar” översätts till sökordet ”investing”. Bokidén ”en bok om marknadsföring på sociala medier” översätts till sökfrasen ”social media marketing”. Bokidén "yogabok för seniorer" översätts till "yoga for seniors", och så vidare.

När du har översatt alla dina bokidéer till engelska sökord/sökfraser är det dags att ta dem vidare till Amazon och undersöka hur efterfrågan där ser ut. Jag rekommenderar att du gör din research på det amerikanska Amazon, alltså Amazon.com om du avser att ge ut engelska böcker. Det är troligt att majoriteten av dina kommande intäkter kommer att komma just från försäljning i USA, varför det är bäst att göra undersökningen just där. Om du gör din undersökning på ett annat lands Amazonsajt (exempelvis på Amazon.ca) finns det risk att du får en missvisande bild av hur efterfrågan faktiskt ser ut, då alla länders Amazonsajter är fristående från varandra och efterfrågan i de olika länderna skiljer sig något åt.

Surfa in på Amazon.com. Längst upp på sidan ser du en stor sökruta. Där väljer du att du vill söka i "Kindle Store", skriver in ditt sökord/sökfras och trycker på enter. Om du har gjort rätt kommer din sökning resultera i att du ser ett flöde med böcker som har med ditt sökord/sökfras att göra. Om du tittar till vänster uppe i bilden ser du att det står "1-16 of over X results for", där X varierar beroende på vilket sökord/sökfras du har angett. Antal träffar du får, alltså siffran på ditt "X" är vad jag fortsättningsvis kommer benämna som *marknaden*. Marknaden är alltså det antal träffar du får när du söker på ett visst sökord eller en viss sökfras.

Jag tänkte först inkludera en bild här för att visualisera hur den här sökningen går till och hur det ser ut, men det blev smått och inte tillräckligt tydligt. Istället har jag lagt upp alla bilder på min hemsida inkomstmedbocker.se/extra. Surfa gärna in och titta där om du vill ha en stegvis guide på hur du söker på Amazon för att se hur stor marknaden är för sökfrasen "social media marketing". Just "social media marketing" är den sökfras jag mest frekvent kommer att använda mig av som exempel i den här boken framöver.

Att undersöka storleken på marknaden är bara en del i att hitta en bokidé som du kan utveckla till en bok som Amazons kunder vill betala pengar för. Anledningen till varför jag rekommenderar att du undersöker hur stor marknaden är för alla dina bokidéer är dels för att jag inte vill att du ska publicera en bok som ingen efterfrågar, samtidigt som jag inte vill att du ska publicera en bok i en alldeles för stor marknad, där konkurrensen är för hög.

Om jag söker på "social media marketing" ger det, vid tidpunkten då detta skrivs, ca 10 000 träffar i amerikanska Kindle Store. Frågan är då, är 10 000 träffar många eller få och vad innebär den siffran egentligen?

Att sökfrasen "social media marketing" ger 10 000 träffar betyder att Amazon gör ett urval ur alla miljontals böcker som finns publicerade på Amazon och sedan presenterar samtliga böcker som de tror är relevanta för sökfrasen "social media marketing", vilket då blir 10 000 stycken. Kom ihåg att Amazon är uppbyggt kring att relevans

är i fokus, vilket innebär att om jag som kund på Amazon söker efter
"social media marketing" i Kindle Store, presenteras bara böcker i
flödet som handlar om just det.

Som en referens till de 10 000 antal böcker som visades när jag sökte
på "social media marketing", finns det miljontals olika böcker i
Kindle Store. Om vi sätter 10 000 i relation till flera miljoner är
10 000 inte speciellt mycket. Men sanningen är att av de 10 000
böckerna som visas för sökordet "social media marketing" är det bara
ett par hundra av dem som faktiskt säljer och ännu färre av dem som
säljer någorlunda bra.

När du är ny inom Amazonutgivning och jobbar med ditt första bok-
projekt är min rekommendation att du använder storleken på
marknaden som en riktlinje för vilka bokidéer du ska jobba vidare
med. Leta efter en marknad där du får mellan
500 - 10 000 träffar. Inom det intervallet är det en bra balans mellan
att marknaden är tillräckligt stor för att det ska gå att tjäna pengar,
men samtidigt inte så stor att konkurrensen är övermäktig.

Om du har svårt att hitta en marknad med mellan 500 – 10 000 träffar
kan du testa att göra dina sökord/sökfraser smalare och mer
specifika. Ett exempel skulle kunna vara att specificera sökordet
"social media marketing" till "Instagram marketing for beginners"
vilket resulterar i en marknad på 520 träffar vid tidpunkten då detta
skrivs.

Ett tips är att begränsa sökordet/sökfrasen till max fem ord.
Sökordet/sökfrasen ska spegla vad en potentiell Amazonkund kan
tänkas knappa in i sökrutan för att hitta en bok, vilket vanligtvis är
just någonstans mellan ett till fem ord. En annan anledning till att
inte ha för många ord i din sökfras är för att sökfrasen med fördel,

åtminstone helt eller delvis, kommer att kunna figurera i bokens titel senare. Du vill då kunna ha en så "ren" boktitel som möjligt, men mer om det senare.

Laborera med olika sökord/sökfraser tills du har fem bokidéer som hamnar inom intervallet 500 - 10 000 träffar. Om du inte lyckas med det finns ett litet trick. Säg att du hela tiden får 20 000 träffar vad du än söker på, då kan du kolla in de första böckerna för varje sökning och skanna de böckernas reviews efter andra ledtrådar på sökord. Vid ett tillfälle när jag coachade en person gjorde vi research inom dating-nischen men hade svårt att hitta en riktigt bra ingång. Det var inte förrän vi läste reviewsen som vi hittade vidare och insåg att många läsare klagade på att datingböckerna inte var anpassade för tjejer med barn, vilket många av läsarna angav som ett önskemål. Där öppnades en ny nisch inom "single mom dating" som vi annars kanske aldrig hade kommit på själva.

Undersök om Amazons kunder köper böcker som liknar dina bokidéer

När du har dina fem bokidéer med ett par sökord/sökfraser inom intervallet 500 - 10 000 är det dags att undersöka i vilken uträckning Amazons kunder köper den typen av böcker. Att kunderna faktiskt köper böckerna är grunden till att kunna tjäna pengar på att ge ut böcker på Amazon.

För att undersöka hur bra (eller mindre bra) liknande böcker som din bokidé säljer, behöver du undersöka Amazons *best seller rank*. Börja med att återigen skriva in ditt sökord/sökfras i sökrutan. När du söker är det viktigt att du har valt att du söker i *Kindle store* och inte bara på Amazon i stort, då Kindle store gör så att sökningen begränsas till att bara visa e-böcker. Om du söker på Amazon i stort kommer du att få med andra produkttyper i sökresultatet, och det vill du inte. Sikta in dig på de fem-sex första böckerna som dyker upp i flödet, under förutsättning att de liknar din bokidé. Liknar de inte din bokidé, fortsätt bläddra i flödet tills du hittar totalt fem-sex böcker som gör det.

Klicka dig in på böckerna som liknar din bokidé, en i taget, och bläddra ner till "product details" en bit ner på bokens produktsida. Där finns något som heter "best seller rank", ibland kallat BSR. Den här rankingen är en ögonblicksbild av hur bra boken du tittar på just nu säljer jämfört med alla andra e-böcker på Amazon. Om boken exempelvis har en ranking på #37 899 betyder det är 37 898 böcker som säljer bättre än den boken just nu. Det som händer när en kund köper en bok på Amazon är att rankingen minskar och boken rör sig närmare #1. En bok med låg ranking säljer alltså bättre än en bok med hög ranking.

Alla böcker i Kindle store har en ranking, under förutsättning att boken har sålt minst ett ex. En indikation på att en bok nyligen har sålt ett ex är att den är rankad #100 000 eller lägre. I det här steget vill du identifiera ett sökord/sökfras med så få sökresultat inom intervallet 500 - 10 000 som möjligt, samtidigt som de fem-sex första böckerna i flödet har så låg ranking som möjligt. Ett sådant sökord är idealiskt eftersom du har bevis på att flera böcker inom den marknaden faktiskt säljer, samtidigt som konkurrensen av andra böcker är hanterbar.

Utgå ifrån din egen lista med sökord/sökfraser och analysera marknaden. Om de fem-sex första böckerna i flödet för ditt sökord/sökfras har en amazon best seller rank på #100 000 eller lägre har du hittat ett potentiellt bra sökord/sökfras som du kan gå vidare med. Det betyder att den bokidén är tillräckligt bra för att vara värd att utveckla vidare till en riktig bok.

Ett annat sätt att undersöka liknande böckers best seller rank är att analysera hur bra böckerna i en viss kategori säljer. Om du återigen klickar dig in på en bok som liknar din bokidé, bläddrar ner till "product details" en bit ner på bokens produktsida ser du att det står att boken också har olika rankingar i olika kategorier. Bredvid rankingen går det att klicka in sig på en viss kategori. Om jag söker på "social media marketing" och klickar in mig på en av de fem första böckerna som dyker upp i flödet och bläddrar ner tills jag ser kategorirankingen, är en av kategorierna jag ser "E-commerce (Kindle store)". Om jag klickar på den kategorin förflyttas jag till topp 100-listan av alla böcker som är inkluderade i "E-commerce"-kategorin i Kindle store. Väl inne i topp 100-listan kan jag analysera best seller rank för samtliga bästsäljande böcker inom den kategorin. Om jag då ser att de högst rankade böckerna inom den kategorin har en best seller rank på under #100 000 kan jag vara säker på att Amazons kunder köper böcker som har med "E-commerce" att göra.

Om den här efterfrågan-analysen känns svår, gå till inkomstmedbocker.se/extra och kika in bilderna som jag har lagt upp. Förhoppningsvis blir det enklare då.

4. Hur du utvecklar din bokidé till en bok som Amazons kunder vill betala pengar för

När aspirerande författare kommer till marknadsförings-gurun och författaren Seth Godin för att få lite sympati för att deras texter är så dåliga att de knappt duger till dasspapper brukar Seth le och fråga "Can you show me your bad work?". Det märkliga är att så fort Seth har frågat efter att se deras texter har de aspirerande författarna sällan något att visa. Alla halvfärdiga böcker och osammanhängande artiklar är spårlöst försvunna.

Att du har brainstormat och skrivit upp dina egna bokidéer är jättebra. Det betyder att det finns något konkret att jobba med, så att du kan komma vidare i processen och komma närmare ditt mål med att publicera den där kioskvältaren. Men om du bara har en idé om vilka idéer du kanske, eventuellt en dag, ska utveckla vidare till en faktisk bok, är det dessvärre inte tillräckligt. Vägen fram är att börja jobba med den eller de bokidéer som du kan ta på och fortsätta arbetet med att utveckla dem till faktiska böcker. Om du har kört fast i researchstadiet och inte hittat en bokidé som du tror är värd att utveckla till en riktig bok finns jag här för att hjälpa dig. Jag säger som Seth Godin, visa mig dina dåliga bokidéer! Maila mig på christian@inkomstmedbocker.se med rubriken "Mina bokidéer" och skriv ner vilka bokidéer du brainstormat fram och vart du har kört fast så lovar jag att hjälpa dig.

Hursomhelst, nu är det dags att jobba vidare. Att klä din bokidé med innehåll och utveckla den till en riktig bok behöver inte vara så svårt. Tricket är att förankra bokens innehåll i det som läsarna vill ha, besvara deras frågeställningar och se till att boken på något sätt gör deras liv bättre. Du minns säkert konceptet med att skriva till marknaden. Nu är det hög tid att göra slag i saken av just det och återigen rikta strålkastarljuset mot *att hitta en hungrig publik med ett akut behov av att åtgärda ett pressande problem/frågeställning och erbjuda dem lösningen i bokform.*

Det genomgående bokidé-exemplet i den här boken är som sagt att publicera en bok om marknadsföring på sociala medier, eller på engelska "social media marketing". För enkelhetens skull leker vi med tanken att du också funderar på att publicera en sådan bok och att det nu börjar bli dags att utveckla bokidén och klä boken med innehåll. Hur gör du då för att vara säker på att boken besvarar läsarnas frågeställningar och på så sätt gör deras liv bättre?

Ett sätt är att gissa vad läsarna vill ha. Det kan fungera, men risken att du gissar fel och slösar både tid, pengar och energi på att utveckla en bok som ingen vill läsa är alltför stor. Ett bättre sätt är att göra research. Enligt mig är research ett måste även om du redan känner att du har hyfsad koll på vad läsarna vill ha.

Så här gör du research på vad boken ska innehålla

Research görs enklast i två steg. Steg ett är att reda på vilken akut frågeställning läsarna har. Den frågeställningen kan du sedan använda som själva kärnan i boken. Steg två är att fylla boken med innehåll som levererar svaret på frågeställningen. Ett annat sätt att formulera detta på är att först ta reda på *vilket* problem läsarna har, för att sedan fylla boken med information om *hur* läsarna löser problemet.

Research steg 1. Hitta bokens målgrupps mest akuta frågeställningar

När du börjar göra research är det inte säkert att du känner någon inom bokens ideala målgrupp som du kan peppra med frågor, för att på den vägen lyckas identifiera målgruppens mest akuta frågeställningar. Men som tur är behövs inte det. All research du behöver göra för att publicera en tillräckligt bra bok finns tillgänglig inför öppen ridå inne på Amazon och på olika sociala medier.

Research i Amazonreviews

Att läsa vad Amazons kunder tycker om olika böcker genom att läsa och analysera reviews, är en riktig guldgruva. När jag börjar med ett nytt bokprojekt och är i full fart med att göra research utgår jag alltid från Amazonreviews. I reviewsen finns mer eller mindre all information som behövs för att hitta bokens målgrupps mest akuta frågeställningar. Min rekommendation är att du lägger majoriteten av din researchtid på att granska och analysera Amazonreviews.

Innan du börjar läsa och analysera reviews vill jag att du sätter dig in i Amazons kunders perspektiv och funderar över vilka akuta frågeställningar de som köpt en viss bok kan ha haft. Som en hjälp kan du reflektera över följande frågeställningar när du analyserar reviews:

- Vilken/Vilka akuta frågeställningar ville läsarna ha svar på när de köpte den här boken?
- På vilket sätt lyckades (eller lyckades inte) boken leverera det?
- Vilka konkreta insikter om målgruppen kan jag ta med mig till mitt bokprojekt?

Tanken med reviewresearch är att hitta nya infallsvinklar, insikter och ledtrådar om läsarna för att du på ett träffsäkert sätt ska kunna identifiera de mest akuta frågeställningarna. För att lyckas med det behöver du ha ett öppet sinne och försöka vara så objektiv du bara kan när du gör din research. Det finns ingen prestige här utan all research görs förutsättningslöst och du får träna på att hålla flera, ibland motsägelsefulla, insikter i huvudet samtidigt.

Vidare handlar väl genomförd research också om att skala av alla lager av skyddsmekanismer och standardsvar hos läsarna som att "allt är bra" och istället komma på djupet av vad som pågår inombords hos dem. Du vill åt känsloladdade frågeställningar där läsarna har ett akut behov av att hitta svaret på sin frågeställning. Du kan tänka dig att research är lite som att gå på ett minfält, där du istället för att undvika minorna vill hitta dem och trampa på dem. När du trampar på en känslomina kommer det att komma en explosion av insikter. Det är där guldet och målgruppens mest akuta frågeställningar finns.

Det är såklart svårt att få den typen av insikter genom att bara läsa reviews på Amazon, då de flesta som lämnar reviews inte brukar skriva några direkt känsloladdade längre utläggningar. Exempelvis ger en review i stil med "great book" dig ingenting av värde. Det du behöver göra är att leta efter reviews (antal stjärnor spelar ingen roll) där läsaren har lagt lite möda på att faktiskt formulera sig på ett insiktsfullt sätt. När du läser en insiktsfull review kommer du direkt känna att den klingar av autenticitet och du kommer att få en känsla av att du *vet* vad läsaren önskade få ut av att läsa boken.

Ett varningens finger bara, innan du sätter igång. Det florerar mängder med fejkade reviews på Amazon. En fejkad review är en review som har lämnats i syfte att manipulera uppfattningen av en bok. Till exempel finns det vissa Amazonutgivare (som tycker att de är smarta) som anlitar assistenter från Bangladesh som har som jobb att öppna fejkade Amazonkonton och posta uppblåsta fejkreviews på deras böcker dagarna i ända. Amazon jobbar konstant med att rensa upp bland dessa, men en del kryper alltid igenom, så var uppmärksam.

Ett sätt att navigera förbi fejkreviews och inte låta dig luras av dem är att skruva upp din bullshit-detektor på full effekt. Om en review känns uppenbart fejk, vilket ofta karakteriseras av att den knappt beskriver innehållet i boken, är skriven med generiska prisande adjektiv och är publicerad kort efter det att boken släpptes, är den troligtvis fejk.

Exempelanalys av två Amazonreviews

När det är dags att göra din reviewanalys gör du såhär. Surfa in på Amazon, klicka dig vidare till Kindle store och sök på ditt sökord/sökfras. Välj en av böckerna som kommer högt upp i sökflödet som liknar en bok som du skulle kunna tänka dig att publicera. Klicka dig in på bokens produktsida och scrolla ner tills du ser alla reviews och börja läs. Ibland behöver du läsa ett tjugotal reviews innan du kommer till en review som ger dig insikterna du behöver. För att du lättare ska komma in i tänket kommer vi nu att tillsammans analysera två olika reviews som jag har hämtat från Amazon.

Analys av review ett

Här är en autentisk 3-stjärning review från en bok som kommer högt upp i sökflödet på sökordet *social media marketing*. Reviewn i sin helhet går att läsa på inkomstmedbocker.se/extra men jag har klippt in själva review-texten i kursiverad stil här.

What I liked about the book:
- most social media engines covered
- some ok info on best practices

What I disliked:
- the book is rather lengthy, lots of fluff
- very little info on best practices, no case studies, no personal stories from the author
- the book is too technical ("go to the left corner and press publish" etc), even though you could probably figure most of that stuff yourself
- no pictures at all (probably because it would make this book much shorter)

So all in all, it's a good book if you can't figure yourself how to start a facebook ads campaign. But if you are looking for some new ideas from a seasoned veteran of marketing business, look elsewhere."

Nu när jag gör review-analysen försöker jag sätta mig in i läsarens perspektiv och fundera över vilka frågeställningar läsaren som skrev reviewn måste ha haft. Ta några minuter och fundera över vilka insikter du får när du läser reviewn innan du läser min analys.

Jag kan direkt läsa ut att läsaren i fråga uppskattade att det var en generell bok om marknadsföring på sociala medier. Men när jag ser ett sådant påstående tar jag det aldrig rakt av, utan jag ställer en motfråga i stil med "okej, tycker de flesta att det är bättre med en generell bok om marknadsföring på sociala medier eller vill läsarna hellre ha plattformsspecifika böcker?"

Vidare skriver läsaren att det var "ok info om best practices" samtidigt som han skriver "very little info on best practices, no case studies, no personal stories from the author" vilket får mig att fundera på vad han egentligen menar. Jag behöver inte komma fram till ett definitivt svar på den frågan i nuläget, utan jag noterar bara det jag ser, antecknar och ställer öppna motfrågor till mig själv. En fundering jag har är vad han egentligen menar med "best practices".

För mig låter "best practices" som ett generiskt uttryck som inte egentligen säger så mycket. Det får mig att fundera på om läsaren själv vet vad "best practices" är eller om läsaren bara upplevde att boken på ett otydligt sätt försökte redogöra för *hur* läsaren ska gå tillväga för att lyckas med marknadsföring på sociala medier. En annan känsla jag får när jag läser reviewn är att läsaren upplever den här boken som en manual med för mycket tekniska aspekter. Jag kan tänka mig att med "too technical" menar läsaren att boken beskriver delvis överflödig information om hur man gör för att öppna konton på olika sociala medier-plattformar och liknande. Läsaren påpekar även att boken är alldeles för lång.

Om jag försöker läsa mellan raderna och sätta mig in i läsarens perspektiv är det ett par specifika frågeställningar som dyker upp, som jag med hyfsat stor säkerhet kan utläsa att läsaren hade hoppats att boken skulle besvara. Dessa är;

1. Hur gör jag för att lyckas med min marknadsföring på sociala medier?
2. Hur har andra har gjort för lyckas med marknadsföring på sociala medier? Kan jag få se bevis på att det fungerar?
3. Kan jag få inspiration, verktyg och idéer till marknadsföringskampanjer som är av mer avancerad karaktär?

Även om detta är tre konkreta frågeställningar tycker jag att de är lite väl vaga. Syftet med review-analysen är att koka ner reviewn i ett par specifika frågeställningar kombinerat med en del anteckningar och andra insikter som kan vara till nytta när du jobbar med att hitta relevant innehåll till din bok.

Exempelvis är frågeställningen "hur gör jag för att lyckas på sociala medier?" alldeles för generell. Det behöver tydligare identifieras vad "att lyckas på sociala medier" betyder. En spontan känsla jag har är att lyckas är lika med att få kunder och tjäna pengar genom sociala medier. Om jag skulle koka ner den här reviewn i en enda konkret akut frågeställning hade den varit *"hur* gör jag för att tjäna pengar på sociala medier?".

Analys av review två
Detta är en del av en annan autentisk review på en bok som kom högt upp i flödet på sökordet "social media marketing". Boken handlar om Instagram-marknadsföring. Reviewn i sin helhet finns även den att läsa på hemsidan inkomstmedbocker.se/extra.

The bulk of this self-published book is comprised of basic tips you'll find for free anywhere online. Things like, post consistently, post attractive photos, engage with your followers blah blah blah. The only "secrets" were to PURCHASE shout-outs from huge accounts, which rarely applies to most folks. Or join shady groups where people all agree to go and like/follow each other. Who published this garbage? I'm mad that I bought it, but, this author appears good at getting people to hand him their money. Bad taste in my mouth. Do some research on this author and decide for yourself.

Ta på dig dina analysglasögon och fundera på vad den här läsaren skriver. Vad kommer du fram till då? Fundera ett par minuter innan du läser min analys.

Det första jag uppmärksammar är att läsaren verkar upprörd över att boken innehåller tveksamma strategier för hur man får sitt konto att växa på Instagram. Det andra jag lägger märke till är att läsaren hade förväntat sig mer av boken än vad som redan finns att läsa gratis på nätet. Detta är viktiga insikter eftersom det tydliggör läsarnas förväntningar på boken. Om du exempelvis är inne på att göra en bok om marknadsföring på social medier, då kan du ställa dig frågan om bokens innehåll är av sådan karaktär att vem som helst kan hitta exakt samma innehåll på Wikipedia. Om så är fallet, då vet du att bokens innehåll inte är tillräckligt bra och du får jobba hårdare med att forma ett budskap som håller högre kvalitet och som på ett bättre sätt besvarar läsarnas frågeställningar.

När jag läser den här reviewn får jag även en känsla av att läsaren är mycket frustrerad och känner sig lurad då boken inte i närheten har levt upp till hans förväntningar. Läsaren hade nog hoppats på att boken skulle leverera många fler strategier som inte "alla redan vet", samtidigt som han hoppats på tips, där det inte ska råda någon tveksamhet om huruvida strategierna som presenteras är tillåtna eller inte.

Om jag försöker mig på att hitta läsarens faktiska frågeställning mellan raderna för den här reviewn skulle den kunna lyda något i stil med; hur gör jag för att växa på Instagram utan att använda tveksamma/förbjudna strategier?

Målet med review-analysen
Innan vi går vidare i research-processen och utvecklar bokidén vidare vill jag bara flagga för att frågeställningarna jag har identifierat i analys ett och två är av olika akut karaktär och i stora drag har jag bara kunnat konstatera att läsarna tycker att informationen i böckerna är alldeles för ytlig. Det är bra instinkter i sig, men jag hade behövt göra mycket mer omfattande review-research innan jag med säkerhet hade kunnat veta att jag fått fram en heltäckande bild av målgruppens mest

akuta frågeställningar. Min rekommendation är att göra review-analyser på minst tjugo olika böcker för att få en mer heltäckande bild av vad läsarna vill ha.

Målet med review-analysen är att du ska hitta Amazons kunders mest akuta frågeställningar för just din bokidé. Min rekommendation att göra review-analyser på minst tjugo böcker, är såklart bara ett ungefärligt antal. Det kan hända att du behöver analysera betydligt fler reviews än så. Ett sätt att veta att du börjar bli färdig med din review-analys är om du hela tiden identifierar samma akuta frågeställningar. Säg att du analyserar fem olika autentiska reviews vardera på tre olika böcker och att du har identifierat två riktigt akuta frågeställningar. Ju fler reviews du analyserar, desto tydligare blir det att alla läsare har samma frågeställningar. Då kan du vara säker på att du har hittat kärnfrågeställningarna och du kan känna dig klar med review-analysen.

Om du däremot har analyserat tjugo reviews och identifierat ett flertal olika akuta frågeställningar och känner att ju fler reviews du analyserar, desto fler akuta frågeställningar hittar du, hur gör du då? Ja, då fortsätter du analysera tills du inte hittar några nya akuta frågeställningar. När du börjar bli färdig med review-analysen och inte hittar några nya akuta frågeställningar kan du känna dig trygg i att du har en heltäckande bild av vad Amazons kunder vill ha svar på när de köper den typen av böcker.

Research i sociala medier och på onlineforum
Som komplement till att bara analysera på Amazon går det bra att göra research på sociala medier och onlineforum. Vilken, eller vilka, sociala medier-plattformar och onlineforum du gör din research på är upp till dig. Det viktigaste är att du hittar relevanta källor som

exempelvis nischade Facebook-grupper, nischade onlineforum eller "influencers" som har en publik inom samma målgrupp som din bokidé. Om din bokidé exempelvis handlar om yoga för nybörjare kan du leta upp yoga-forum, gå med i en FB-grupp som handlar om yoga eller börja följa en influencer inom yoganischen.

Strategin för att få fram någon research av värde på sociala medier och i onlineforum är densamma som vid review-analysen på Amazon. Den går alltså inte ut på att validera eller bekräfta det du redan vet, utan snarare tvärtom, att du ska vara öppen för nya insikter och återkommande frågeställningar. Allt för att få en så bra och heltäckande sammanställning av läsarnas behov och önskemål som möjligt.

När du har gjort såpass mycket research att du tydligt har identifierat målgruppens mest akuta frågeställningar börjar, enligt mig, en av de roligaste delarna av hela bokprojektet. Nämligen att pussla ihop och strukturera upp alla insikter till stommen av din kommande bok! Hur du gör det förklarar jag i nästa kapitel.

5. Finslipa strukturen i boken innan du anlitar en spökskrivare, eller skriver själv

För att din bok ska kunna leverera det som läsaren förväntar sig behöver budskapet i boken vara tydligt och följa en röd tråd. Om den inte gör det kan boken upplevas spretig och läsupplevelsen kan påverkas negativt. Låt oss återigen rikta blickarna mot en bokidé inom nischen "marknadsföring på sociala medier" där vi utgår ifrån att jag har identifierat den mest akuta frågeställningen som *hur använder jag på bästa sätt sociala medier för att få fler kunder, sälja mer och tjäna mer pengar?*

Som en röd tråd i boken kommer jag använda mig av den här mest akuta frågeställningen som jag nu har identifierat. Det betyder att allt som boken kommer att innehålla, på ett eller annat sätt, har som syfte att ge läsaren svar på denna frågeställning. Bokens huvudsyfte - vad boken gör för läsaren - blir då kristallklart.

För att fylla boken med innehåll återgår jag även till de andra frågeställningarna som identifierades under review-analysen. Ett exempel på en sådan skulle då kunna vara; *Hur har andra gjort för att uppnå [inkludera läsarens önskvärda resultat] genom marknadsföring på sociala medier? Kan jag få se bevis på att det fungerar?* Genom att formulera om den frågeställningen utifrån röda tråden-perspektivet kan jag fylla i läsarens önskvärda resultat och formulera frågeställningen som *Hur har andra gjort för <u>att få kunder</u> genom marknadsföring på sociala medier? Kan jag få se bevis på att det fungerar?*

När jag känner mig trygg i att Amazons kunder köper böcker om marknadsföring på sociala medier för att få se hur andra har gjort för att få kunder genom marknadsföring på sociala medier och också vill se bevis på att det fungerar, då öppnas möjligheten att besvara den frågeställningen på en rad olika sätt. Till exempel skulle jag kunna leta upp och sammanställa olika typer av marknadsföringskampanjer som genererade kunder och försäljning och sätta dem i kontrast till kampanjer som exempelvis enbart genererade gillningar, och därigenom dra olika slutsatser som kan hjälpa läsaren att konstruera en framgångsrik marknadsföringskampanj. När jag vet vad jag vill att boken ska göra för läsaren, det vill säga vilken akut frågeställning som är stommen i boken, då kan jag besvara den på oändligt många olika sätt.

Storytelling och hjältens resa

Syftet med att ge ut en fackbok är, som jag har tjatat om så många gånger nu, att ge läsaren svar på dennes mest akuta frågeställning(ar). Men en bok som innehåller enbart fakta kan lätt uppfattas som "tråkig" och oinspirerande att läsa. För att komma runt det och göra boken mer underhållande och läsvärd kan du jobba in storytelling i boken.

I superstjärnan Will Smiths biografi, boken *Will*, får man bland annat följa med på resan när Will bryter sig in i Hollywood som den bäst betalda skådespelaren. Will radar upp succéfilm efter succéfilm och sättet han gör det på är systematiskt och uträknat. Han skriver i boken att han lyckades knäcka koden för vad som krävs för att en film ska bli en megasuccé. Utöver coola effekter och humoristiska repliker behöver filmen följa en tydlig storytelling-struktur. Strukturen som Will skriver om är den tidlösa "hjältens resa".

Hjältens resa är inte på något sätt unikt för Hollywoodfilmer, den återfinns bland annat i teaterpjäser, skönlitterära böcker och TV-serier och kan även byggas in i din kommande fackbok. Det sätt som jag brukar använda mig av för att bygga in hjältens resa i fackböcker har jag lånat från Steven Pressfields geniala bok *Nobody Wants to Read Your Sh*t*. Där delar Steven med sig av ett ramverk som hjälper till att fånga upp alla delar i hjältens resa. Det här ramverket är inte att likställa med en innehållsförteckning, utan du bör ses som en hjälp för att komma igång med att fylla din bok med innehåll. Här är de sex delarna i Stevens ramverk.

Ett tema: Vad boken handlar om. Vad får läsaren ut av boken? Här fyller du i vilken röd tråd du ska ha i din bok.

Ett koncept: Vilken unik vinkling av [din bokidé] har din bok jämfört med alla andra liknande böcker? I mitt fall, med marknadsföring på sociala medier, finns det exempelvis tusentals böcker på marknaden och jag behöver därför fundera över varför någon skulle vilja läsa just min bok i ämnet.

En hjälte: Inom fackbokslitteratur kan det kännas avlägset med en hjälte, men hjälten här är inte en påhittad karaktär som i ett skönlitterärt verk, utan hjälten i den här typen av böcker är istället oftast *läsaren* själv. Du kan tänka dig att läsaren har ett problem som måste lösas, för att nå dit måste läsaren genomföra en resa, läsaren är då hjälte på sin egen resa.

En fiende: Fienden i en fackbok är inte en skurk som i en James Bond-film, utan fienden är hindret som läsaren (hjälten) försöker ta sig förbi. I en bok som handlar om träning kan fienden vara oviljan att träna, lockelsen av att äta dålig mat eller svårigheten att bryta gamla vanor.

Ett "allt är förlorat"-moment: Varje historia har ett tillfälle där hjälten är på botten och allt känns kört. En fackbok bör också ha ett sådant tillfälle. Det är inte alltid helt enkelt att sätta fingret på vad som ska utgöra ett "allt är förlorat"-momentet i boken. Det du kan göra då är att fundera över om du istället kan bygga in en "ursprunglig händelse" i boken.

En ursprunglig händelse används ofta inom skönlitteratur för att sätta fart på historien och tydliggöra vilken resa hjälten är på. Som ett exempel skrev jag i introduktionen till den här boken att anledningen till att jag började med Amazonutgivning var för att jag var trött på att spela poker. Den där sommarkvällen jag skriver om i början av boken är en ursprunglig händelse som sätter fart på den här boken.

Klimax: Tillfället då det vänder för hjälten. Det kan vara att vågen börjar gå neråt efter veckor av hårt slit på gymmet, att hjälten äntligen får en första dejt efter flera år av ensamhet eller att hjälten får sin första kund till sitt företag.

När jag använder mig av Steven Pressfields storytelling-ramverk brukar jag först utgå från frågeställningarna jag vill att min bok ska besvara och därefter fundera på vart de passar bäst. Låt säga att en av frågeställningarna jag vill besvara i boken är; *Hur gör jag (jag som i läsaren) för att på ett enkelt sätt posta inlägg på sociala medier som drar trafik till min hemsida?*

En sådan frågeställning kan passa på flera olika ställen i Stevens ramverk, lite beroende på vad jag vill få ut av den och hur jag vill att den ska förhålla sig till bokens röda tråd. Hjälten i detta fall är läsaren och fienden är svårigheterna med att få folk att besöka hjältens hemsida. Jag skulle kunna placera frågeställningen under "klimax" och successivt berätta historier och ge exempel på ett antal "misslyckanden" innan jag skiftar fokus och visar exempel på strategier som faktiskt fungerar för att använda sociala medier för att dra trafik till en hemsida.

Tanken med detta är alltså att fylla i Stevens ramverk utifrån de frågeställningar och den röda tråd som din bok har och försäkra dig om att hjältens resa byggs in i boken. På så sätt blir boken automatiskt underhållande och inspirerande för läsaren, då boken innehåller flera delar som läsaren kan relatera till. Det i sin tur bäddar för att boken förhoppningsvis ska kunna sälja bra under lång tid.

Gör en innehållsförteckning

Om du listar alla dina frågeställningar som du vill att boken ska besvara och portionerar ut dem i storytelling-ramverket har du mer eller mindre alla delar av din bok klara framför dig. Du kommer se att boken får ett tydligt syfte med en genomgående röd tråd i alla delar, samtliga förankrade i precis det som Amazons kunder vill betala pengar för att läsa om. Det enda som nu återstår innan det är dags att skriva boken är "bara" att göra en innehållsförteckning. Skillnaden mellan Stevens story-ramverk och en innehållsförteckning är att en innehållsförteckning är tydligt uppdelad i kapitel där det framgår vad varje kapitel ska behandla. Exempelvis kanske du vill börja din bok med ett "allt är förlorat"-moment och successivt förklara bokens koncept innan boken börjar besvara läsarens frågeställningar.

Att göra en innehållsförteckning tycker jag är ett måste oavsett om du skriver boken själv eller outsourcar skrivandet till en spökskrivare. Innehållsförteckningen ger en bra överblick över bokens innehåll och du kan enklare se om du behöver lägga till eller ta bort saker redan innan du skickar iväg en beställning till spökskrivaren. För dig som vill skriva själv kan du använda innehållsförteckningen som ett planeringsverktyg, då du tydligt ser vilka delar som ska skrivas och hur långt du har kommit.

När jag gör en innehållsförteckning brukar jag göra en punktlista och ibland även en kort sammanfattning av vad jag vill förmedla i varje kapitel. På så sätt ger innehållsförteckningen en överblick över innehållet i boken och jag kan få en bra känsla för om boken kommer leverera det som jag hoppas på. I innehållsförteckningen brukar jag även inkludera på vilket sätt jag vill förmedla det, där de tre vanligaste sätten är genom personliga erfarenheter, historiska exempel eller med hjälp av forskning.

Personliga erfarenheter

Exempel på en bok som till stor del utgår från personliga erfarenheter är denna bok du läser nu. Den är skriven utifrån min samlade kunskap om att ge ut böcker på Amazon. Jag har försökt strukturera upp boken så att du som läsare ska kunna vara hjälten på din egen resa att komma igång med att tjäna pengar på Amazon. Ett alternativ till att utgå från mina erfarenheter hade kunnat vara att berätta om hur andra har gjort för att tjäna pengar på Amazonutgivning. Det hade säkert blivit en läsvärd bok det också, men jag tror att det i det här fallet är mer slagkraftigt att berätta om mina egna erfarenheter. Om du har personliga erfarenheter (som är relevanta för din bok), kan du med fördel bygga in dem någonstans i boken, då åtminstone ett par personliga exempel brukar uppskattas av läsarna!

Historiska exempel

Ett annat sätt att presentera fakta och illustrera svaret på en frågeställning är att ge intressanta exempel på hur andra har gjort. I exemplet med en bok om marknadsföring på sociala medier kan vi säga att du vill visa hur läsaren kan få sitt budskap att bli viralt, men du har ingen egen erfarenhet av virala kampanjer. Hur gör du då? I ett sådant fall skulle du till exempel kunna skriva om och analysera varför låten Gangnamn Style (kommer du ihåg den?) lyckades slå igenom och fick folk runt om i hela världen att göra galoppdansen och sedan dra paralleller till hur samma strategier hade kunnat appliceras på sociala medier-marknadsföring.

En fördel med att använda historiska exempel i boken är att det finns oändligt mycket att inspireras av och det går att illustrera svaret på läsarnas frågeställningar på flera olika sätt och från flera olika vinklar, bara genom att ge exempel på hur andra har gjort.

Forskning

Beroende på vilket ämne din bok handlar om kan du även inkludera forskningsrapporter som bevisar eller motbevisar det boken argumenterar. Om din bok handlar om mobiltelefonens påverkan på ungdomars koncentration kan du exempelvis inkludera forskning om hur mycket tid ungdomar spenderar med sin telefon varje dag och vad det leder till. Var bara noga med att forskningen du hänvisar till är tillförlitlig och att du alltid inkluderar källhänvisning.

Exempel på en innehållsförteckning

Som ett exempel på hur Stevens storytelling-ramverk i kombination med en övergripande innehållsförteckning ser ut har jag klippt in en del av den som jag själv tog fram innan jag började skriva den här boken. Så här ser den ut.

Storytelling

- Tema: Frihet? Tjäna pengar vid sidan om.

- Koncept: Använda böcker som digitala tillgångar.

- Klimax: Första salen, bevis på att det funkar.

- Hjälte: Läsaren.

- Fiende: Ekorrhjulet, status que.

- Start: ursprunglig händelse "jag behöver hitta något annat" (trött på att spela, igenkänning).

Intro

- Ursprunglig händelse:
  Berätta om mig själv, min pokerbakgrund, vad pokerbakgrunden kan ge för ledtrådar hur jag kom in på self publishing och varför self publishing är ett såpass bra sätt att tjäna pengar.

- Connecta till läsaren att den här boken kommer innehålla allt som behövs.

- Berätta om syftet med boken, och att detta är som en guide, för att lyckas måste du laborera själv.

Kap 1

- Beskriva hur self publishing exploderade som en sidoinkomst.

- Google vs Yahoo!.

- Beskriv varför det är en "big deal" att sälja på Amazon (trafik, rekommendationer). Skriv lite om försäljningen. Skriv om besökarantal på Amazon.

Som du ser är inte storytelling-ramverket eller den punktlistade innehållsförteckningen renskriven eller på något sätt finslipad, men det är heller inte det viktiga här. Det viktiga är att den ger en bra övergripande bild av vilken storytelling jag vill ha i boken och vad varje kapitel ska handla om. I takt med att boken växte fram lade jag till vissa delar och plockade bort andra, men i stort har den ursprungliga innehållsförteckningen stått sig och den har även fungerat som ett planeringsverktyg under hela skrivandeprocessen.

Gör om innehållsförteckningen till en beställning till spökskrivaren

För dig som tycker att det här med spökskrivare verkar toppen och vill outsourca skrivandet kan du använda storytelling-ramverket och innehållsförteckningen som grunden i beställningen till spökskrivaren. Det du behöver lägga till är en kort sammanfattande text om varje kapitel, vilken målgrupp boken riktar sig till, tydliggöra vad boken ska göra för läsaren, vilken tonalitet du vill att boken ska skrivas i och hur lång boken ska vara. När du har gjort det har du en komplett beställning!

Hitta rätt spökskrivare

Det finns olika sätt att anlita en spökskrivare. Ett sätt är att anlita en frilansande skribent från exempelvis en online-frilanssajt som Upwork eller Fiverr. Ett annat sätt är att anlita ett skribentföretag. Det är ett par skillnader mellan en frilansare och ett skribentföretag och det finns både för- och nackdelar med båda. Fördelen med att anlita en frilansare är att du oftast har bra insyn i skrivprocessen och du kan vanligtvis vara med och lämna feedback på texten under tiden som den växer fram. Om du anlitar ett skribentföretag brukar inte den möjligheten finnas. Istället lämnar du då feedback efter det att du har fått tillbaka hela texten. Det kan innebära att skribentföretaget behöver göra omfattande omskrivningar eller att det uppstår en diskussion om huruvida de följde din beställning eller inte.

Men det finns fördelar med att anlita ett skribentföretag också. En av dem är att ett skribentföretag har flera olika skribenter och professioner inom företaget, vilket betyder att du som beställare kan känna en trygghet i att din bok kommer bli färdig i tid. Om du beställer texten av en frilansare och denne blir sjuk, då kan hela ditt bokprojekt bli försenat. En annan fördel med skribentföretag är att de brukar garantera att texten du köper är hundra procent unik. Det kan tyckas självklart att texten du köper inte ska vara plagierad men tyvärr händer det att frilansskribenter plagierar stora delar av andra böcker, eller till och med hela böcker och bara byter namn på vissa kapitel. Om du skulle råka publicera en plagierad text kan Amazon komma att stänga ner ditt konto och i värsta fall vidta andra åtgärder, så var noga med att du får en garanti på att texten du köper är unik.

Om du ska anlita en spökskrivare för första gången är min rekommendation ändå att välja ett skribentföretag, då det innebär en större trygghet för dig som beställare. Det finns mängder med olika skribentföretag, där ett som jag själv brukar använda och också kan rekommendera är The Writing Summit (thewritingsummit.com). De har olika pris beroende vilken typ av skribent du vill anlita, men jag rekommenderar absolut att du beställer deras bästa paket, med engelskspråkiga skribenter och inkluderad redigering. Kostnaden för det, vid tidpunkten då detta skrivs, är $3 per 100 ord. Jag har även ett affiliatesamarbete med The Writing Summit vilket innebär att du kan få 5 % rabatt på beställningar med koden IMB5.

Ett bokmanus som du får levererat av en spökskrivare brukar i regel vara genomläst, redigerat och färdigt att publicera. Jag rekommenderar ändå starkt att du läser igenom boken noga så att boken faktiskt handlar om det som du tänkt dig. Vid ett tillfälle publicerade jag ett par spökskrivna programmeringsböcker utan att läsa igenom dem och utan att jag kunde ett smack om programmering. Det visade sig efteråt att spökskrivaren inte heller kunde ett smack om programmering, men det var inte förrän det haglade in 1-star reviews som jag insåg det. Det är trots allt ovanligt att en spökskrivare tar på sig att skriva boken utan några som helst förkunskaper, men det kan hända och det är en risk som måste finnas med i beräkningarna. Var därför noga med att läsa igenom texten innan du publicerar den.

Hur lång behöver boken vara?

Oavsett om du skriver själv eller anlitar en spökskrivare måste boken ge läsaren svar på dennes frågeställningar och vara tillräckligt välskriven för att inte uppfattas som amatörmässig. Läsaren måste få valuta för tiden och energin det tar att läsa boken. Läsaren ska självklart få valuta för pengarna också, men med tanke på att böcker är förhållandevis billiga i jämförelse med andra produkter, är läsarens tids- och energiinvestering, enligt min mening, viktigare.

Hur lång en bok behöver vara för att leverera det beror på. Det finns inget facit men, ett par riktlinjer att förhålla sig till. Längden på en bok mäts oftast i antal ord och att låta boken vara minst 10 000 ord kan vara ett minimimått att förhålla sig till. Det motsvarar ungefär en timmes lästid, vilket faktiskt många gånger kan vara tillräckligt för att läsaren ska få en bra läsupplevelse och hinna få svar på sin frågeställning.

Några tankar om skrivkramp till dig som vill skriva själv

Om det är så att du har köpt den här boken som en guide för hur du kan komma igång med din författarkarriär på Amazon, och du inte har några som helst planer på att använda dig av spökskrivare, då är allt som rör spökskrivare kanske mer eller mindre ointressant för dig.

Men då står du inför en annan utmaning, nämligen att skriva boken själv och i många fall också hantera skrivkrampen det ofta medför.

Skrivkramp är ett "tillstånd" där författaren sitter och stirrar på ett blankt papper framför sig i väntan på att inspirationsblixten ska slå ner. När väl inspirationsblixten slår ner förväntas den överföra sin magiska kraft till författarens fingrar, som helt plötsligt får flow och börjar dansa över tangentbordet. Dansen resulterar i att författaren producerar helt fantastiskt komponerade meningar som nästintill kan sjunga av sig själva och allt detta sker, såklart, utan minsta ansträngning från författarens sida.

Beskrivningen ovanför är en romantiserad bild av hur skrivandeprocessen går till. Det luriga med att skriva är att ibland får man ett sådant magiskt flow där inspirationen flödar och orden bara rinner ur en, men det där flowstadiet hör inte till vanligheterna. Tvärtom brukar skrivandeprocessen, i vilket fall för mig, kräva tålamod, beslutsamhet och noggrann planering. Med planering menar jag att jag har tänkt igenom vad jag ska skriva innan jag skriver. Det innebär att vid själva tillfället då jag skriver börjar jag egentligen aldrig från ett tomt papper utan jag har alltid en plan för vad jag ska skriva om just den dagen.

Sen tycker jag nog ändå att det där med skrivkramp ofta överdramatiseras. Författaren Cal Newport som jag har skrivit om tidigare i den här boken säger att "vad amatörförfattare kallar skrivkramp, kallar proffsförfattare att skriva", vilket tydliggör att alla, även de allra bästa författarna, kan känna ett motstånd till att pränta ner ord på pappret emellanåt. Ett annat citat om just skrivkramp kommer från författaren Ryan Holiday som säger att "du kan alltid redigera en dålig text, men du kan aldrig redigera en text som inte finns".

Att inte göra skrivandeprocessen svårare än den egentligen är tror jag är ett framgångsrecept som kommer att underlätta skrivandet för dig som skriver din egen bok. Istället för att sitta och vänta på att inspirationsblixten ska slå ner kan du se skrivandet som en process, där ett sätt att komma runt skrivkrampen är att se bokens innehållsförteckning som en vägledande guide för vad du ska skriva. Låt säga att du har strukturerat upp din bok i 10 kapitel, där varje kapitel ska vara 2 500 ord och börja med en personlig historia och avslutas med en kort sammanställning av olika forskningsrapporter. Då börjar du helt enkelt att skriva på kapitel 1, del 1, sen tar du kapitel 1, del 2 och successivt "fyller" du din innehållsförteckning med text. Eller varför inte göra en mer detaljerad bokbeställning till dig själv att följa, liknande den som hade behövts om du anlitat en spökskrivare. Med en tydlig plan blir det enklare att veta vad som ska göras, vilket i sin tur gör det enklare att få något gjort.

Min bild av skrivkramp är att många som kämpar med att överkomma den fokuserar på tok för mycket på små taktiska självklarheter som att lägga undan sin telefon och sitta och skriva ostört i en timme. Jag tror att de flesta redan vet vad de borde göra, nämligen sätta sig ner och skriva, men egentligen i själva verket har bekymmer med att hantera det där obekväma mentala motståndet som ett tomt papper kan innebära. Men någonstans måste du ändå börja, något ord måste bli det första, det finns inga genvägar runt det.

Efter att du har skrivit färdigt din bok och gjort den så bra som du bara kan behöver någon utomstående läsa igenom den. Även om du själv har läst igenom texten ett oräkneligt antal gånger och tycker att texten är så bra den kan bli så kan den alltid bli bättre. Det är viktigt att det är någon som kan vara ärlig mot dig som läser och att ni bestämmer på vilket sätt och med vilka ögon personen i fråga ska läsa boken. Det är nämligen skillnad på om genomläsningen sker för att hitta stavfel eller om genomläsningen sker för att på ett objektivt sätt granska hur tydlig/välstrukturerad/lättläst boken är.

När texten är färdig, då är det hög tid att börja fundera över boktitel och bokomslag, två av de viktigaste bitarna för att få boken att sälja!

6. Titel och omslag som fångar uppmärksamhet från rätt kunder

Boktiteln, i kombination med bokomslaget, är det första som Amazons kunder ser när de scrollar i flödet bland alla böcker. Boktitelns och bokomslagets uppgift är därför att fånga uppmärksamhet och skapa ett intresse av att vilja veta mer om boken. Du kan tänka dig att boktiteln och bokomslaget är i början av utvärderingsresan, där Amazons kunder ställer sig frågor som; Kommer den här boken hjälpa mig att tjäna mer pengar? Göra mina relationer bättre? Hjälpa mig att gå ner i vikt? Boktiteln och bokomslaget måste på ett tydligt sätt signalera bokens nisch och fungerar då som en magnet som lockar till sig rätt typ av kunder.

Utöver att fånga uppmärksamhet är boktiteln och bokomslaget också en viktig pusselbit när läsare rekommenderar böcker till varandra. Om boktiteln är lätt att komma ihåg och bokomslaget lätt att beskriva, då ökar chanserna att läsarna kommer att rekommendera boken till andra läsare och att de i sin tur kommer att hitta din bok.

Att formulera en boktitel och designa ett bokomslag som fångar intresse från rätt kunder kräver både fingertoppskänsla och tålamod. I detta kapitel förklarar jag hur du gör för att formulera boktiteln och designa bokomslaget rätt.

För det mesta tar det ett par försök och en del pusslande med olika ord och designer innan det känns rätt, så känn ingen stress att du måste forcera fram en halvdålig boktitel och publicera boken med ett mindre bra bokomslag bara för att få ut den snabbt.

En boktitel består av två delar

En boktitel är uppdelad i två delar, en huvudtitel och en subtitel. Inom Amazonutgivning kan man säga att det finns två olika skolor när det kommer till att sätta huvud- och subtitel. Den ena skolan menar att det viktigaste som finns är att få med så många sökord/sökfraser i huvudtiteln som möjligt, medan den andra skolan är helt inne på att huvudtiteln bara ska fånga uppmärksamhet. Personligen föredrar jag det sistnämnda, att använda huvudtiteln som ett sätt för att fånga uppmärksamhet och spara sökorden/sökfraserna till subtiteln. Ett undantag från det skulle dock vara om boktiteln uppenbart blir bättre av att ett sökord inkluderas i huvudtiteln. För att visa hur boktiteln kan formuleras på ett bra sätt ska jag analysera tre olika boktitlar.

Analys av tre boktitlar

Surrounded by Idiots

Ett exempel på en boktitel där huvudtiteln fångar uppmärksamhet samtidigt som sökorden/sökfraserna istället används i subtiteln är Tomas Erikssons kända bok *Omgiven av idioter*, vilken har den engelska huvudtiteln *Surrounded by Idiots*. Personligen tycker jag att Surrounded by Idiots är en klockren uppmärksamhetstitel som får mig att vilja veta mer om vad boken handlar om. Subtiteln på samma bok är *The Four Types of Human Behavior and How to Effectively Communicate with Each in Business (and in Life)*, där subtiteln innehåller flera tänkbara sökord/sökfraser. Kan du identifiera några av dem?

Med sökord/sökfras menas det ord eller den fras som Amazons kunder skriver in i sökrutan inne på Amazon när de söker efter böcker. I det här fallet är "how to", "business", "human behavior", "life" och "communicate" bara några av de sökord/sökfraser som finns i subtiteln på Tomas Erikssons bok. Om en kund skriver in ett eller flera av de orden i sökrutan inne på Amazon kommer boken att synas någonstans i sökresultatet. Observera att "någonstans" kan innebära allt från sida 1 till sida 10, 100 eller 200 o.s.v. i flödet av böcker. Vad som påverkar vart i flödet boken syns och hur du gör för att få den att synas så högt som möjligt i flödet skriver jag mer om i kapitel 8.

Speak With No Fear

Ett andra exempel på en briljant uppmärksamhetstitel i kombination med en subtitel som innehåller relevanta sökord är boken med huvudtiteln *Speak With No Fear* och subtiteln *Go from a nervous, nauseated, and sweaty speaker to an excited, energized, and passionate presenter.* I det här fallet är det solklart vad boken handlar om och vad boken gör för läsaren. Om ett av mina akuta problem/frågeställningar hade varit att jag hade scenskräck för att prata inför folk hade jag garanterat klickat mig in på den boken och börjat undersöka om det var en bok värd att köpa.

I Will Teach You to Be Rich

Ett tredje och sista exempel på en huvudtitel som fångar uppmärksamhet är Ramit Sethis bok *I Will Teach You to Be Rich*. Ganska enkelt att förstå vad den boken gör för läsaren, eller hur? Även om den boken på sätt och vis innehåller samma information som många andra ekonomi- och personal finance-böcker på marknaden väcker titeln *I Will Tech You to Be Rich* betydligt mer uppmärksamhet och intresse än om Ramit hade döpt boken till "personal finance 101", eller något i den stilen. Bokens subtitel är *No Guilt. No Excuses. No BS. Just a 6-Week Program That Works.* I det här fallet innehåller subtiteln inte några tydliga sökord/sökfraser. Så varför har inte Ramit sökord subtiteln? En anledning är helt enkelt för att han inte är beroende av Amazons sökresultat för att få trafik till boken och därför inte behöver inkludera sökord i subtiteln. Han har flera hundratusen personer på sin e-postlista som litar på hans råd när det kommer till ekonomi och han kan på egen hand dra tillräckligt med trafik till boken för att kicka igång Amazons algoritmer. Vi andra, som inte kan dra så mycket trafik till en bok på egen hand, gör trots allt bäst i att använda subtiteln till att inkludera sökord/sökfraser och därigenom optimera chanserna för att boken ska synas i sökflödet.

Formulera en huvudtitel som fångar rätt kunders uppmärksamhet

När jag publicerade en av mina egna marknadsföringsböcker i maj 2021 följde jag samma strategi och försökte få till en huvudtitel som fångar uppmärksamhet och en subtitel som innehöll relevanta sökord/sökfraser. Den röda tråden i den boken är att på tok för många av de som marknadsför sina produkter/tjänster på sociala medier fokuserar på fel saker. Istället för att fokusera på hur mycket pengar de tjänar tenderar de flesta att fokusera på antal likes, antal följare och hur många som delar ett visst inlägg. För att fånga det budskapet i en intresseväckande huvudtitel blev resultatet huvudtiteln *Likes Don't Pay Bills,* en titel som jag är nöjd med och som jag med säkerhet kan säga gör jobbet då boken sålde en bit över 1 000 ex bara under lanseringsperioden.

När du jobbar med att komponera ihop huvudtiteln till din egen bok rekommenderar jag att du först går till Amazon och kikar runt bland liknande böcker inom bokens nisch. Försök sätt dig in i Amazon-kundens perspektiv och tänk dig att du är en av dem, på jakt efter en bok som ska lösa ett problem i din vardag. Om de väljer mellan olika böcker, vad skulle få dem att bli intresserade av just din bok? Det är inte alltid uppenbart vad som fångar en viss persons intresse men ett

litet trick är att utgå från bokens röda tråd och sedan omformulera
den till ett kort påstående som väcker uppmärksamhet. Då har du en
konkret idé som du kan börja fila på och så småningom förfina till en
intresseväckande huvudtitel.

Så skriver du en subtitel

Då huvudtitelns jobb är att fånga uppmärksamhet ska subtiteln
istället fokusera på vad boken *gör* för läsaren. Det innebär att subtiteln
ska adressera läsarens frågeställningar och beskriva vilka resultat
läsaren kommer att få ut av att läsa boken och hur läsarens liv på
något sätt kommer att bli bättre. Subtiteln fungerar också på sätt och
vis som en förlängning av huvudtiteln och tydliggör ytterligare inom
vilken nisch boken är.

När jag jobbade med subtiteln till min bok Likes Don't Pay Bills var
jag först inne på att använda mig av subtiteln "Five Social Media
Marketing Myths", då boken innehåller en del info om olika myter
inom sociala medier marknadsföring. När jag bad om feedback på
subtiteln från etablerade författare blev det däremot uppenbart att
"Five Social Media Marketing Myths" inte på ett tydligt sätt
kommunicerade vad läsaren skulle få ut av att läsa boken. Då ändrade
jag subtiteln till *How to Leverage Social Media to Get Leads and Customers*,
vilket bättre matchar med läsarnas mest akuta frågeställningar och på
ett tydligare sätt beskriver vilka fördelar och resultat läsarna kommer
få ut av att läsa boken. Subtiteln inkluderade därigenom också flera
relevanta sökord/sökfraser, mer om det strax.

Om du tittar på subtitlarna jag gav som exempel i analysen ovan, *"The
Four Types of Human Behavior and How to Effectively Communicate with Each
in Business (and in Life)"*, *"Go from a nervous, nauseated, and sweaty speaker
to an excited, energized, and passionate"* och *"No Guilt. No Excuses. No BS.*

Just a 6-Week Program That Works", ser du att samtliga av dem på ett tydligt och specifikt sätt beskriver vad läsaren kommer få ut av att läsa någon av de böckerna.

Inkludera sökord i subtiteln

Subtiteln har ytterligare en uppgift utöver att beskriva vilka fördelar läsarna kommer få ut av att läsa boken. Den bör innehålla ett eller flera sökord/sökfraser för att bidra till att boken visas när Amazons kunder använder sökrutan inne på Amazon för att hitta böcker. När du komponerar ihop bokens subtitel är det därför smart att inkludera ett eller flera av de sökord du använde när du researchade dina bokidéer tidigare. Du vet redan att det finns en efterfrågan på den typen av böcker, så om du försöker få in ett eller flera av sökorden/sökfraserna i subtiteln (eller huvudtiteln om du tycker att det passar bättre där) kommer din bok att synas när en läsare söker på något av de orden inne på Amazon. Det viktiga är bara att subtiteln flyter bra och känns naturlig. Om du inkluderar för många sökord (även kallat "keyword stuffing") kan subtiteln känns tung och svårläst och då kan det lätt få motsatt effekt.

Designa ett bokomslag som får boken att sälja

När jag började med Amazonutgivning och skulle beställa mitt första bokomslag fick jag rådet att det viktigaste av allt var att bokomslaget stack ut. När Amazons kunder scrollade bland alla böcker skulle bokomslaget lysa upp som en stjärna i natten och vara en kontrast som sticker ut från bruset. Visst låter det logiskt? Det är bara ett problem. När det gäller bokomslag är det rådet fel. Ett bokomslag ska inte sticka ut. Det ska passa in, inom nischens ramar, då vi människor automatiskt dras till sådant vi känner igen och bort från sådant som känns främmande.

Som ett exempel kan vi säga att du vill publicera en ekonomibok. Syftet med bokomslaget blir då att det ska dra till sig ekonomiintresserade läsare och få dem att vilja veta mer om boken, vilket bara fungerar om omslaget ser ut så som ett ekonomibokomslag förväntas se ut. Bokomslaget i detta fall ska alltså passa in inom ramen för hur en ekonomiintresserad läsare förväntar sig att ett ekonomibokomslag ser ut. Om omslaget på boken istället sticker ut, exempelvis genom att det är en skogsbild eller något annat irrelevant motiv på omslaget, är risken stor att de som letar efter ekonomiböcker inte förstår att boken handlar om ekonomi och därför scrollar förbi.

Om omslaget är "snyggt" eller inte är av mindre betydelse. Det viktigaste är att det ser proffsigt ut, vilket inte alls alltid är detsamma som "snyggt". En fälla med att försöka göra "snygga" bokomslag är att det är en subjektiv bedömning huruvida ett bokomslag är snyggt eller inte. Om två personer tittar på ett bokomslag och den ena personen älskar det medan den andra personen inte alls tycker om det, vad är då sant? Det är ju samma omslag.

Ett genomgående tema i den här boken är att se världen ur Amazons kunders perspektiv, och när det kommer till bokomslag är det i allra högsta grad sant. För att tillverka ett omslag som passar in inom just din boks nisch, samtidigt som omslaget ser proffsigt ut och drar till sig rätt läsare gör du så här:

Gå in på Amazon och klicka dig vidare tills du kommer till en av din boks kategorier. Vi kan leka med tanken att din bok är inom ekonominischen. Gå då till den övergripande kategorin för ekonomiböcker där de 100 bäst säljande ekonomiböckerna finns listade. Titta noga på alla bokomslag och försök bilda dig en uppfattning kring om det finns några gemensamma nämnare mellan de olika omslagen. Som exempel kan en gemensam nämnare vara att vissa färger används mer än andra eller att vissa typer av symboler eller illustrationer finns på omslagen. Lägg också märkte till om omslaget främst innehåller text eller om det finns bilder, och i så fall vilken typ av bilder. Syftet med detta är inte att du ska kopiera alla andra omslag, utan snarare att du ska bilda dig en generell uppfattning om hur Amazons kunder förväntar sig att ett omslag för en ekonomibok ser ut. Om du designar din boks omslag efter samma mönster innebär det att när Amazons kunder scrollar i flödet av böcker och ser din bok, då ser de direkt att det är en ekonomibok.

Tre olika sätt att tillverka ett proffsigt bokomslag

Beroende på din budget och dina designkunskaper finns det olika sätt att tillverka ett bokomslag. Du kan exempelvis designa det själv i ett designprogram som Canva. Ett budgetalternativ är istället att beställa ett omslag från Fiverr för $5-$20 och ett alternativ för dig med en större budget är att starta en boksomslagstävling på 99designs, vilka kostar från $199 beroende på hur stor tävling du vill göra.

Tillverka ditt eget omslag i Canva

Med tanke på hur otroligt viktigt omslaget är, är min rekommendation att ta hjälp med att designa omslaget. Den överhängande risken med att designa själv är inte att omslaget inte blir snyggt, utan ligger istället i att omslaget inte signalerar rätt budskap, vilket i sin tur gör så att rätt läsare inte finner omslaget intresseväckande. Om du ändå känner att du vill testa på att designa själv, då kan du göra det i ett designprogram som exempelvis Canva och du utgår då ifrån den research du gjort om bokomslag i den aktuella nischen.

Anlita en designer på Fiverr

På fiverr.com går det att anlita en omslagsdesigner till en billig peng. Öppna ett konto på Fiverr, leta runt bland olika designers tills du hittar en som verkar bra och skicka in en beställning. Det viktiga om du väljer att anlita en omslagsdesigner på Fiverr är att du sammanställer din omslagsresearch till en tydlig beställning och skickar med exempel på bokomslag som du tror hade passat din bok. Om du har tur kan du få tillbaka ett riktigt proffsigt omslag, men du kan lika gärna ha oflyt och få tillbaka ett omslag som ser oproffsigt och hemmagjort ut.

Anordna en bokomslagstävling på 99 designs

99designs (99designs.com) är en sajt där du kan anordna en omslagstävling där olika designers lägger upp sina bidrag och successivt förfinar dem efter din löpande feedback. Vanligtvis pågår en tävling i ett par dagar. Den designern som vinner tävlingen får prissumman. På 99 designs fungerar det så att du laddar upp all information om din bok och vilka omslagspreferenser du har, sen väljer du hur många designers du vill ska vara med i tävlingen. Det billigaste alternativet kostar vid tidpunkten detta skrivs $199 och då är du garanterad att få 30 olika omslag. Kvalitén varier mycket, men i mina ögon är den ändå avsevärt mycket högre än omslagen från Fiverr.

Några avslutande tankar om bokomslag

Oavsett hur du väljer att tillverka bokomslaget är målet att det ska signalera rätt budskap och se proffsigt ut. Allt för att Amazons kunder ska finna det intresseväckande nog att vilja veta mer om boken och klicka sig in på bokens produktsida. Gör så gott du kan i det här läget. Du kan alltid ändra bokens omslag i efterhand, även efter det att boken har publicerats på Amazon. När du har tillverkat bokomslaget är det snart dags att börja förbereda boken för publicering, men först ett kapitel om hur det går till när Amazons kunder köper böcker.

7. Amazons kunders köpresa

Innan det är dags för dig att publicera din bok och sätta igång med marknadsföringen vill jag först berätta lite om hur Amazons kunder beter sig när de shoppar böcker. Detta för att du ska få en bättre bild av alla olika steg Amazons kunder vanligtvis går igenom innan de väljer att köpa en viss bok. När du har koll på köpresan blir det enklare att se hur alla delar av din bok hänger ihop och tillsammans bidrar till att Amazons kunder hittar boken och sedan även förhoppningsvis väljer att köpa den. För att ha en bild framför dig av hur köpresan går till kan du återigen surfa in på Amazon och leta upp en bok som liknar din kommande bok och klicka in dig på den bokens produktsida. Produktsidan är sidan där kunderna kan läsa bokbeskrivningen, klicka in sig på "look inside" och läsa bokens reviews, med mera.

Föreställ dig nu att du är en potentiell kund och att du har surfat runt inne på Amazon en stund och hamnat på boken du har framför dig. Vad skulle få dig att köpa just den boken? Hur kan du med säkerhet veta att det är just den boken du vill läsa och att den kommer att ge dig svaren du söker? Fundera över de frågeställningarna en stund. Jämför gärna med några fler böcker och se om du kan hitta en röd tråd i vad som gör att du fastnar eller inte fastnar för respektive bok.

Om jag utgår från hur jag själv agerar när jag köper böcker på Amazon, vilket jag tror stämmer ganska bra överens med hur de flesta av Amazons kunder agerar, är det ovanligt att jag köper en för mig helt okänd bok första gången jag stöter på den. Om jag ändå skulle göra det är det oftast för att boken har fångat mitt intresse med ett superbt bra omslag eller en tydlig titel som signalerar att boken innehåller svaret på en av mina för stunden mest akuta frågeställningar. Undantaget är möjligen om boken är så pass billig att jag tycker det är värt att chansa och köpa den oavsett om den skulle vara bra eller dålig.

Även om jag sällan fastnar för och köper en bok första gången jag stöter på den är jag ganska säker på att mitt undermedvetna ändå lägger en hel del böcker på minnet. Ju oftare jag är inne på Amazon och letar efter böcker, desto oftare ser jag samma omslag. Tillslut känner jag igen flera av böckerna som dyker upp i mitt Amazonflöde och det i sin tur gör att jag lägger vissa av dem på min bevakningslista. När jag sedan går igenom bevakningslistan brukar jag klicka in mig på böckernas produktsidor och väl där beter jag mig vanligtvis såhär: Först skummar jag bokbeskrivningen för att få en känsla av om boken är för mig överhuvudtaget. Om bokbeskrivningen är intressant brukar jag skrolla ner till bokens omdömen och läsa vad andra tycker om boken. Därefter läser jag ett stycke ur inledningen, utvärderar om priset är rätt och antingen köper jag boken eller så klickar jag mig därifrån.

När det kommer till läsning är min ambition att läsa ett par böcker i månaden, vilket gör att jag hela tiden är på jakt efter nya böcker. Det i sin tur gör att jag inte är speciellt "picky" när det kommer till att köpa böcker. Om en bok verkar intressant köper jag den. Om det senare visar sig att boken inte alls är bra, då slutar jag bara läsa och köper en annan bok istället.

När du har publicerat din bok kommer den att få en egen produktsida inne på Amazon, likt alla andra böcker där. Det innebär att på samma sätt som du utvärderar boken du har framför dig nu, och på samma sätt som jag utvärderar böckerna jag köper, på samma sätt kommer Amazons kunder att utvärdera om din bok är rätt för dem.

Ledtrådarna på Amazons produktsidor

Om du återigen tittar på produktsidan du har framför dig, men istället för att bara titta på den ställer du dig frågan *varför?* till allt du ser. Varför är bokomslaget placerat till vänster i bild istället för till höger? Varför är det en "read more"-knapp efter femte raden i e-bokens beskrivning? Varför visas just de specifika böckerna i "Also bought"-flödet? Varför finns det ingen köpknapp i slutet av bokbeskrivningen? Varför sitter det en köpknapp i slutet av "look inside"?

Vad tror du?

Amazon har aldrig sagt det själva, men en boks produktsida är en direkt spegelbild av hur Amazons kunder beter sig när de shoppar böcker. Att produktsidan ser om som den gör är ingen slump, den ser ut just så av en anledning. Varför är bokomslaget till vänster istället för höger? Det har att göra med hur våra ögon rör sig när vi tittar på en skärm, då vi oftast tittar uppe i vänstra hörnet först. Varför är det en "read more"-knapp efter femte raden i e-bokens bokbeskrivning? Jo, för att de flesta kunderna inte läser mer än fem rader av bokbeskrivningen innan de bestämmer sig för om boken är fortsatt intressant och Amazon vill göra köpresan så smidig som möjligt för sina kunder. Varför finns det ingen köpknapp i slutet av bokbeskrivningen? Jo, för att kunderna är mitt i sin köpresa och håller fortfarande på att utvärdera om de vill köpa boken eller inte. Varför skyltar Amazon just med de specifika also bought-böckerna på just den boken? Jo, för att Amazon gör allt de kan för att matcha rätt bok med rätt läsare och de vill göra det enkelt för läsarna att klicka vidare till fler för kunderna intressanta böcker. Varför sitter det en köpknapp i slutet av "look inside"? Jo, för att när en potentiell kund har läst all text i "look inside" är de oftast redo att köpa boken. En köpknapp på just detta ställe matchar alltså med vart kunderna befinner sig i sin köpresa.

Hur bok-säljtratten fungerar

Ett vanligt begrepp inom business är *sales funnel*, eller *säljtratt* på svenska. En säljtratt definieras som alla de olika steg en potentiell kund tar på resan från att gå från spekulant till betalande kund. Vanligtvis visualiseras säljtratten av en trattliknande bild, där antalet potentiella kunder blir färre och färre, men kommer närmare och närmare ett köp, ju längre ner i tratten de kommer.

Ett exempel på en säljtratt kan vara 400 personer som kommer till en författares öppna gratisföreläsning, där författaren i fråga hoppas på att sälja böcker och kurser i slutet av föreläsningen. I ett sådant exempel är det 400 potentiella kunder överst i säljtratten som i det läget troligen saknar ett direkt köpbegär. Låt säga att av de 400 potentiella kunderna är det 40 personer som tycker att föreläsningen är såpass intressant att de väljer att köpa författarens bok. Och av de 40 som köper boken är det fem personer som även anmäler sig till en av författarens kurser. Säljtratten i detta förenklade exempel visar då att av 400 potentiella kunder blev det 40 betalande kunder varav fem premiumkunder.

Hur säljtratten är relevant för Amazonutgivning

För att enklare se hur säljtratten i allra högsta grad är relevant för Amazonutgivning kan vi hitta på ett fiktivt exempel med en person som vi kallar Bob. Här ser vi alltså på säljtratten utifrån en specifik kund. Bob har ett akut problem, nämligen att han vill gå ner i vikt och komma i form.

Efter en tids funderande fram och tillbaka har Bob alltså bestämt sig för att gå ner i vikt. I förhållande till säljtratten befinner han sig just nu högst upp och har för närvarande inget direkt köpbegär av en specifik bok. Bob googlar och tittar på Youtubeklipp för att lära sig mer om träning och hälsa. Det går några veckor och Bob hittar en podcast där han tycker att killen som har podden, Mike, verkar vara en vettig kille och Bob känner att han kan relatera till det mesta som Mike säger. Bob börjar följa podcasten och lyssnar även ikapp gamla avsnitt. Gång på gång hör Bob hur Mike rekommenderar träningsboken *Get Fit*, vilket gör Bob nyfiken på att veta mer om boken. Bob surfar in på Amazon, söker på Get Fit och börjar läsa om boken. Nu har Bob glidit mycket längre ner i säljtratten.

Bob är nu inne på produktsidan till Get Fit. Han utvärderar om boken är rätt för honom, men det är något som inte stämmer. Bob är en man i 50 års-åldern och Get Fit verkar vara en generell träningsbok, riktad till både tjejer och killar i alla åldrar och Bob kan inte riktigt relatera. Han släpper tankarna på Get Fit och börjar jakten på en annan, för honom, mer specifik bok. Efter lite letande får Bob syn på omslaget till din bok *How Men Get Fit in Their 50s*. Bingo! tänker Bob och klickar sig in på produktsidan.

Väl inne på din boks produktsida läser han bokbeskrivningen och kikar i "look inside" där han ser flera kapitelrubriker som fångar hans intresse. Efter det läser han några av bokens omdömen, drar muspekaren till köpknappen, redo att trycka av. Han funderar några sekunder till innan han trycker på köp. På så vis har Bob passerat hela vägen ner genom säljtratten som ledde fram till att han köpte din bok.

Om boken nu levererar det som Bob förväntar sig (eller mer än så) har du med stor sannolikhet fått ett livslångt fan som kommer att rekommendera *How Men Get Fit in Their 50s* till sin kompis Robert, som också vill komma i form. Robert köper boken utan att blinka, eftersom Bob förklarar hur mycket boken har hjälp honom att lösa sitt viktproblem och komma i form.

Men vad är det egentligen som pågår i det här exemplet?

Bob går igenom en resa där han blir medveten om sitt problem och börjar leta efter en lösning. När han vet hur han vill lösa sitt problem (genom att läsa en bok) börjar han sin köpresa och hamnar efter lite letande i en säljtratt som leder fram till din bok och där alla delar i form av omslag, beskrivning och "look inside" jobbade tillsammans för att Bob skulle ta steget att köpa boken. Boken ligger alltså i det här fallet långt ner i säljtratten och är lösningen på Bobs problem. Det är här du vill att din bok ska vara. Längst ner i säljtratten och lösningen på så många kunders problem som möjligt. Ha detta i åtanke nu när det är hög tid för dig att publicera din egen bok!

8. Förbered boken för publicering

Att publicera en bok på Amazon är på sätt och vis som att pussla ihop ett pussel. Pusslet i det här fallet består av texten, bokomslaget, bokbeskrivningen, metadata och en rad andra pusselbitar som alla behöver förberedas och passa tillsammans för att pusslandet ska gå så smidigt som möjligt. I det här kapitlet ska vi titta på hur du gör för att förbereda alla pusselbitar för att boken ska ha de bästa förutsättningarna att få en lyckad lansering.

Skriv en lockande introduktion till boken

I säljtratts-exemplet med Bob i förra kapitlet skrev jag om hur Bob utvärderade den påhittade boken *How Men Get Fit in Their 50s* och om den innehöll svaret på hans akuta frågeställningar. För att försäkra sig om att den gjorde det läste Bob bland annat i innehållsförteckningen och introduktionen till boken. Både innehållsförteckningen och introduktionen fanns att läsa i "look inside"-vyn och det som Bob kunde läsa där var direkt avgörande för att han sedan faktiskt köpte boken. Nu när du ska förbereda din egen bok för publicering är det med andra ord oerhört viktigt att du slipar på texten som kommer att synas i "look inside"-vyn, då det är en viktig pusselbit som har stor påverkan på försäljningen.

När jag skriver introduktionstexten till mina böcker funderar jag alltid extra noga på vad läsarna innerst inne vill ha svar på och på vilket sätt boken levererar det. Ett exempel är min bok *Likes Don't Pay Bills,* som är en bok om marknadsföring på sociala medier. Efter att jag hade gjort research om bokens målgrupp blev det tydligt att läsarna jag skrev till ville lära sig hur de får kunder och tjänar pengar på sociala medier, vilket är mycket mer specifikt än "marknadsföring". När jag väl visste vad bokens målgrupp efterfrågade, kunde jag anpassa introduktionstexten efter det och skrev då såhär i de två första styckena i introduktionen:

Your customers are on social media. They are probably scrolling their feeds right now, as you are reading this. How can I know that? Because everyone's customers are on social media, all the time.

With the right strategies, you can get their attention, connect with them, and build relationships with them. However, with the wrong strategies, they will scroll right past your posts, and your attempt to use social media as a marketing tool can be a frustrating time-sink.

Förutom introduktionstexten syns även innehållsförteckningen, innehållande bokens alla kapitelrubriker, i look inside-vyn. Därför kan det vara smart att döpa kapitelrubrikerna till något som hookar bokens målgrupp. Det kan exempelvis vara i form av svar på vanliga frågeställningar. Fundera över om kapitelrubrikerna i din bok är hookande nog och om inte, skriv om dem så att de får ett lockande budskap.

Jag vill poängtera att exemplet från min bok ovan inte på något sätt är facit på hur en introduktionstext ska skrivas, men den kan absolut användas som inspiration när du skriver introduktionstexten till din bok, eller som en hjälpande hand om du ska guida spökskrivaren att skriva den.

När det kommer till introduktionstexter vill jag även passa på att flagga för ett vanligt fel många Amazonutgivare gör när de skriver sina introduktionstexter. Det är inte ovanligt att det rekommenderas att använda look inside-vyn som ett sätt att fånga upp potentiella kunders kontaktuppgifter. Vanligtvis innebär det att lägga in länkar som pekar *bort* från boken och produktsidan i form av länkar till en landningssida, hemsida eller sociala medier.

Sätt dig in i hur en potentiell kund uppfattar detta. Den potentiella kunden är intresserad av att köpa en bok och har klickat sig hela vägen till "look inside". Väl där, nästintill redo att köpa boken, får de valet att klicka sig därifrån till ett annat ställe och utföra en annan handling i form av att exempelvis signa upp sig på en e-postlista eller följa ett konto på sociala medier. Det är nästan lite som att vara godissugen, ta sig till en godisaffär, fylla godispåsen till bredden, gå fram till kassan för att betala och väl där försöker personen i kassan övertyga dig om att du borde överväga att köpa *glass* istället och dessutom i en *annan* affär. Hur hade du känt då? Jag gissar att du hade blivit lite konfunderad och kanske känt en hel del motstånd till att köpa någonting överhuvudtaget. Och på samma sätt fungerar det inne på Amazon. Minsta lilla motstånd eller upphakning i säljtratten kan vara skillnaden mellan om en potentiell kund klickar på "köp med 1-klick" eller om de lämnar produktsidan för att aldrig komma tillbaka.

Hur du skriver ett proffsigt slutord

Nu lämnar vi introduktionen till boken och tar oss med raska steg till slutordet, vilket är en minst lika viktig pusselbit som introduktionen. Tänk dig då du senast läste en riktigt bra bok eller såg en riktigt bra film. När boken eller filmen var slut, vad ville du ha då? Om du är som jag, ville du ha mer. Efter att jag har lagt timmar på att läsa en bok och funderat och reflekterat över vilket budskap författaren vill förmedla och hur jag kan applicera det på mitt eget liv, då får jag nästan lite separationsångest när boken är slut. Men slutet på en bok behöver egentligen inte vara slutet. Det kan också vara början på nästa bok.

Att använda slutet av en bok som en språngbräda till nästa bok kan boosta försäljningen ordentligt. Då alla som läser slutet på boken per automatik redan har investerat tid i boken har de troligen också en bra känsla för om din nästa bok är för dem och det behövs ingen överdriven säljpitch för att försöka övertyga dem om att köpa den. Det enda som behövs är att göra det enkelt för läsarna att hitta till dit du vill leda dem. I e-boken kan du lägga in en hyperlänk och i pocketboken kan du skriva korta, enkla instruktioner på hur de hittar rätt. Även om du inte har gett ut mer än en bok är det ändå smart att använda slutet av boken för att be läsarna att utföra en handling, vilket kan vara att be dem signa upp sig på ditt nyhetsbrev, följa dig på sociala medier eller lämna ett omdöme på boken. Tänk bara på att inte be läsarna om för mycket i slutet av boken, då det är lätt att flera val att ta ställning till skapar förvirring och får motsatt effekt. Jag brukar rekommendera max två alternativ, förslagsvis att leda dem till nästa bok och att signa upp på min e-postlista.

Ett exempel på slutord, där jag försöker få läsaren att lämna ett omdöme på min bok Likes Don't Pay Bills, kan se ut såhär:

There are plenty of great marketing books online, so thank you for choosing Likes Don't Pay Bills and reading all the way to the end!

What I hate after reading a book is the feeling that it's stuffed with bad and boring content that's easily found for free online. If I gave you that, let me know in the reviews. On the other hand, If I gave you what you expected (or more), please tell me that in the reviews!

Hur du formaterar boken

När du har skrivit hookande kapitelrubriker, en säljande introduktionstext och ett slutord där du leder läsarna vidare är det dags att formatera texten till en e-bok och en pocketbok (paperback). Troligtvis har du din textfil i ett skrivprogram som Word eller Pages, eller så har du kanske använt ett mer proffsigt program som Scrivener. Beroende på vilket program du använder kan formateringsprocessen skilja sig åt. Här ger jag dig *generella* riktlinjer på hur formateringen går till, och jag utgår då ifrån Word. Jag rekommenderar att du googlar eller söker på Youtube för att få mer information och hjälp om hur du formaterar boken i just det program som du använder dig av. Tänk på att när du formaterar boken är det enbart textfilen som ska formateras och du ska inte lägga in bokomslaget eller bokbeskrivningen i textfilen.

Steg ett i formateringen är att bestämma vilken pappersstorlek du vill att boken ska ha. Jag har samma pappersstorlek på både e-boken och pocketboken. Generellt sett låter jag pocketboken styra vilken storlek jag vill att boken ska ha, där en vanlig storlek är 6 * 9 tum (22.86 cm * 15.24 cm). För att ändra pappersstorleken och få boken i den storleken du önskar gör du såhär i Word: gå till Layout → Storlek → Fler pappersstorlekar och skriv in höjd och bredd. Om du är osäker på vilken storlek du ska välja kan du titta på KDPs hemsida och se vilka olika storlekar det finns att välja mellan. En sak att tänka på när du bestämmer vilken storlek du vill ha är att du inte kan ändra storlek efter att du har publicerat boken. Anledningen till varför jag vill ha samma pappersstorlek för e-boken som för pocketboken är för att Amazon visar hur många sidor boken är. Om du då har e-boken som A4-format kommer det se ut som att e-boken har färre sidor än pocketboken, vilket kan upplevas förvirrande för Amazons kunder.

Steg två i formateringen är att smycka ut texten i den omfattning du vill för att göra läsupplevelsen bättre. Till exempel kan du göra anfanger eller ha ett annat typsnitt för kapitelrubrikerna än för resten av texten.

När du har bestämt vilken storlek du vill att boken ska ha och har smyckat ut texten så som du vill är det dags att formatera en e-bok och en pocketbok. Det ett par saker som skiljer sig mellan e-böcker och pocketböcker som kan vara bra att ha med sig på vägen.

Förbered e-boksfilen för publicering

En e-bok läses oftast på en e-boksplatta, exempelvis Kindle e-reader. Beroende på vilken e-boksplatta läsaren har får det plats olika mycket text på skärmen. I en e-bok går det också att zooma i texten. Texten i en e-bok är alltså "flytande" vilket gör att en e-bok inte ska ha några sidnummer. När du formaterar din e-bok ska du alltså plocka bort alla sidnumreringar. Specifikt för e-boken är också att du kan inkludera länkar i boken. Det här kan exempelvis vara länkar till din hemsida eller en länk till en av dina andra böcker.

När ditt textdokument för e-boken innehåller allt du vill ha med behöver du konvertera textfilen till en *e-pub*-fil. Detta går att göra på olika sätt. Vid tidpunkten du läser detta är det möjligt att även Word har en inbyggd e-pubkonvertering, så som Google DOCs har. Du kan därför börja med att undersöka om den funktionen finns i ditt skrivprogram. Om inte finns det andra sätt att konvertera Word-dokumentet till en e-pub-fil. Dels går det att köpa tjänsten av en frilansare, köpa ett formaterings- och konverteringsprogram, eller så kan du använda ett gratis konverteringsverktyg. Olika sätt ger olika bra resultat. Ett gratisverktyg jag själv har använt mig av och varit nöjd med hittar du (vid tidpunkten då detta skrivs) här: https://convertio.co/doc-epub.

När du har konverterat textfilen till en e-pub-fil är den klar för publicering!

Förbered pocketboken för publicering

När du formaterar pocketboken ska du inkludera sidnummer och den ska inte ha några hyperlänkar. Tänk även på att sidbrytningen vid underrubriker måste bli snygg, så att en underrubrik exempelvis inte hamnar längst ner på en sida. När du är klar med formateringen sparar du ner filen som en PDF och kontrollerar att allt ser ut så som du hade tänkt. När PDF-filen ser ut så som du vill ha den är även den klar för publicering!

Hur du skriver en intresseväckande bokbeskrivning

Bokbeskrivningen är texten om boken som Amazons kunder kan läsa inne på bokens produktsida. För att kunna skriva en bra och intresseväckande bokbeskrivning underlättar det att veta vad bokbeskrivningen har för uppgift i säljtratten som jag skrev om tidigare. En ledtråd om bokbeskrivningens uppgift som Amazon ger oss är att en potentiell kund oftast inte är redo att köpa en bok enbart efter att de har läst bokbeskrivningen. Hur kan jag veta det? Jo för om det vore så hade Amazon placerat en köpknapp i slutet av bokbeskrivningen. Avsaknaden av en köpknapp i slutet av bok-beskrivningen kan jag inte tolka på annat sätt än att när kunden läser bokbeskrivningen är de fortfarande i utvärderingsfasen och håller på att utvärdera om boken de har framför sig är rätt för dem eller ej.

En annan ledtråd som stärker den hypotesen är att precis under bokbeskrivningen, inne på produktsidorna, skyltar Amazon med en karusell av andra böcker. Det betyder att om en potentiell kund läser bokbeskrivningen för en bok, men inte tycker att den är lockande nog, har kunden en buffé av andra liknande böcker inom synhåll och kan enkelt klicka sig vidare och spana in nästa bok. Allt för att behålla kundens intresse och leda dem fram till ett faktiskt köp.

Vad kan vi då lära oss av detta och hur kan vi utnyttja den kunskapen? För mig är det tydligt att bokbeskrivningens jobb inte nödvändigtvis är att sälja boken, utan snarare att se till att en potentiell kund inte tappar intresset för boken och klickar sig bort från bokens produktsida. Inte nog med det, bokbeskrivningen måste dessutom vara så lockande att den potentiella kunden vill veta mer om boken genom att exempelvis klicka sig vidare till "look inside"-vyn eller bokens omdömen.

Formeln för att skriva lockande bokbeskrivningar

En text som har som uppgift att fånga intresse och få en potentiell kund att utföra en viss handling brukar kallas för "copywriting"-text, eller bara "copy". Att skriva en bokbeskrivning är en form av copywriting. För att lyckas med bokbeskrivningen brukar jag rekommendera att utgå från copywritingformeln AIDA. AIDA står för attention (uppmärksamhet), interest (intresse), desire (önskan/begär) och action (utföra en handling).

AIDA är konstruerat på ett sådant sätt att varje steg bygger på det föregående. Det innebär att för att lyckas få en kund att utföra en viss önskvärd handling, som exempelvis att stanna kvar på bokens produktsida, behöver bokbeskrivningen behålla kundens uppmärksamhet (attention), få kunden mer intresserad av boken (interest), stegvis få kunden mer emotionellt investerad (desire) och slutligen få kunden att börja läsa i look inside-vyn (action).

När väl Amazons kunder läser de första raderna av bokbeskrivningen måste bokomslaget och/eller titeln på något sätt redan fångat deras intresse, annars hade de aldrig haft möjlighet att läsa bokbeskrivningen, eftersom bokbeskrivningen bara syns inne på produktsidan som man kommer till genom att klicka på bokomslaget eller titeln. Det innebär att den första raden i bokbeskrivningen inte behöver försöka "bryta genom buset" på något sätt. Det jobbet har redan bokomslaget och/eller titeln gjort. Istället ska den första raden i bokbeskrivningen behålla den potentiella kundens uppmärksamhet. Ett sätt att göra det är att använda en öppen frågeställning eller ett statement som kunden uppfattar som autentiskt och igenkännande.

Ett exempel på en öppen frågeställning i en bokbeskrivning är hur jag öppnar bokbeskrivningen för min bok *Likes Don't Pay Bills*. Där skriver jag "Want to learn how to find new clients, sell more products, and make more money using social media?" och mitt mål med den öppna frågeställningen är helt enkelt att behålla den potentiella kundens uppmärksamhet. Därefter måste bokbeskrivningen snabbt övergå till att bygga intresse och få den potentiella kunden att bli mer och mer intresserad av boken.

Att skriva copywritingtexter som ger önskat resultat kräver lite träning. Ett grundläggande tips är att utgå från hur bokens målgrupp själva uttrycker sig, vilka ord de använder, vilka begrepp som är signifikanta för just den målgruppen och så vidare. Att använda samma ord och begrepp i copyn som målgruppen själva använder stärker bokens trovärdighet samtidigt som copyn uppfattas som mer autentisk. Det hjälper också till i interest/desire-faserna, där det är viktigt att trycka på rätt känsloknappar för att copyn inte ska uppfattas som "säljig" eller manipulativ.

Call to actions för bokbeskrivningar

Sist men inte minst kommer "action"-delen av bokbeskrivningen. Inom copywriting kallas detta för en *call to action*, eller CTA. En CTA är oftast en uppmaning att göra något. Om du tittar runt ser du CTAs överallt, i alla sammanhang. Köp nu! Lämna en kommentar! Signa upp här! Vilka alla är exempel på CTAs.

Många copywriters älskar CTAs mer än allt annat. De kan prata i timmar om vad en välformulerad CTA kan åstadkomma. Det många glömmer är att hur bra en CTA än är, kan den inte ensam göra allt jobb. Den är beroende av draghjälp av allt som kommer innan. En felplacerad CTA är lite som att gå in på restaurang och det första kyparen frågar är vad du tyckte om maten. Hur ska du kunna veta det? Du har ju inte ens sett menyn än! En felplacerad CTA kan även uppfattas som manipulativ då den inte ger något utrymme för kunden att tänka själv.

Tricket med att skriva en välfungerande CTA i slutet av en bokbeskrivning är att den ska fungera som en osynlig hjälpande hand som leder den potentiella kunden vidare i utvärderingsresan. När jag skriver CTAs till mina böcker brukar jag använda mig av något som kallas för "soft CTA". En soft CTA är en mjuk uppmaning, ibland i form av en öppen frågeställning, som har som syfte att en potentiell kund ska hålla kvar uppmärksamheten på boken och på egen hand ta sig längre ner i säljtratten och därigenom fortsätta utvärdera om boken är rätt för dem.

Analys av bokbeskrivningen för Likes Don't Pay Bills

För att försöka göra det tydligare hur AIDA fungerar i praktiken och hjälpa dig att förstå hur du kan skriva din egen bokbeskrivning med hjälp av AIDA ska vi tillsammans titta på och analysera bokbeskrivningen till min bok *Likes Don't Pay Bills*. Jag har delat upp bokbeskrivningen enligt AIDA och skrivit bokbeskrivningen i kursiv stil med mina kommentarer direkt under.

Attention-delen:

Want to learn how to find new clients, sell more products, and make more money using social media?

Här försöker jag behålla den potentiella kundens uppmärksamhet att vilja att läsa vidare. Kom ihåg att alla som läser denna öppna fråge-ställning redan måste ha klickat sig in på produktsidan, vilket betyder att omslaget och/eller titeln redan har fångat deras upp-märksamhet. Samtidigt som jag försöker behålla uppmärksamheten försöker jag även inkludera några av målgruppens begär som jag (tack vare min research) vet att de har.

Interest-delen:

Most social media marketing strategies are designed to inflate useless metrics such as likes, shares, and comments. These metrics might look cool, but they won't grow your business.

In this book, I bust the five most common social media marketing myths and show you how to use social media to your advantage. You'll learn:

how to find your target audience on social media
how to use social media to trigger word of mouth marketing
how to get your target audience attention (crash course in copywriting)
how to build a connection with your audience and earn their trust
how to use social media to grow your email list (email marketing 101)
and of course, how to sell your product/service/offer to your target audience

Tanken med den inledande meningen i interest-delen är att läsaren ska känna att detta inte är ytterligare en bok i raden av böcker som fokuserar på att enbart få många likes och följare, utan snarare en bok om hur läsaren kan tjäna pengar på sina sociala medier. Därefter beskriver jag vad läsarna får ut av att läsa boken så att de också kan få en uppfattning av om boken är för dem eller inte. Gränsen mellan interest och desire är här alltså något flytande.

<u>Desire-delen:</u>

The strategies I talk about in this book work for all social media platforms, and it doesn't matter if you have 50 or 50K followers.

Ett tydliggörande att strategierna i boken funkar för alla plattformar och för alla, oberoende av hur många följare man har. Här har jag medvetet skrivit "50K" istället för "50,000", då många inom bokens målgrupp uttrycker följarantal i just enheten "K". Sådana till synes små saker är vad som skapar igenkänning och relevans.

<u>Action-delen:</u>

Ready to unleash the true power of social media marketing?

En "soft CTA" i form av en öppen frågeställning. Här säger jag inte "köp nu!!", utan jag försöker leda läsaren vidare att fortsätta utvärdera boken, vilket förhoppningsvis leder till ett köp längre ner i säljtratten.

Skriv bokbeskrivningen till din bok

Nu är det dags för dig att skriva en bokbeskrivning till din bok. Om du har använt dig av en spökskrivare som redan har skrivit bokbeskrivningen är min rekommendation att du reviderar den utifrån AIDA-formeln.

När du skriver bokbeskrivningen är ett tips att ta fram ditt bokomslag och klippa in det i ditt textdokument, så att du hela tiden ser omslaget framför dig när du skriver bokbeskrivningen. Du vill att bokomslaget och bokbeskrivningen ska signalera samma sak och genom att titta på omslaget när du skriver bokbeskrivningen uppnår du lättare det. Ett annat tips är att dela upp beskrivningen enligt AIDA och skriva en del i taget. När du har skrivit alla delar sätter du ihop dem och först då börjar du fila på helheten så att texten flyter så som du vill ha den.

Hur du hittar rätt sökord till boken

Vi lämnar bokbeskrivningen och går vidare till en annan viktig pusselbit, nämligen sökord! Ett sätt som Amazons kunder använder för att hitta böcker de vill läsa är genom att söka i sökrutan som finns längst upp på Amazons hemsida. Det går att söka på boktitlar, författarnamn, sökord, sökfraser och i princip vad som helst. Efter en sökning presenterar Amazon ett flöde av böcker som är relevanta för just den sökningen. Vilka sökord som är kopplade till din bok kan därför vara avgörande för om en potentiell kund hittar din bok i flödet eller inte.

När du ska välja vilka sökord du kopplar till boken finns det ett par saker att tänka på. Inne på ditt KDP-konto (mer om KDP i kapitel 9) kommer det att finnas sju olika boxar där du kan fylla i upp till 50 tecken i varje box. Enligt Amazons riktlinjer för hur sökorden fungerar räcker det att skriva ett sökord en gång i en sökordsbox. Jag har gjort ett flertal tester för att bekräfta att det som Amazon säger om sökorden i detta fall stämmer och det gör det.

Jag har kunnat konstatera att om en av Amazons kunder exempelvis söker på "yoga back pain" och du har sökordet "yoga" i en av dina sökordsboxar och sökorden "back" och "pain" i två av dina andra sökordsboxar så kommer Amazon dra sökord från alla dina sökordsboxar för att matcha med vad kunden sökte på. Det innebär att du aldrig behöver upprepa ett sökord, utan du kan fylla alla sju boxarna med unika ord. Ju fler relevanta sökord du har lagt till på din bok desto större chans är det att kunderna hittar den.

En annan sak att tänka på är att inkludera utfyllnadsord och menings-byggnadsord i sökordsboxarna. Om en kund söker på "books about yoga", "how to do yoga" eller "yoga books for seniors" vill du ha med sökorden *about, how to* och *for* som några av bokens sökord för att boken ska visas i flödet för kundens sökning.

För att få inspiration på vilka sökord du kan koppla till just din bok kan du surfa runt bland liknande böcker på Amazon och försöka samla ihop 15-25 olika sökord som är relevanta för din bok. Fundera lite på hur du tror att kunderna på Amazon söker när de letar efter böcker likt din kommande bok. Ett tips är att börja med att skriva in ett sökord i sökrutan på Amazon, då kommer Amazon automatiskt att ge förslag på vilka andra sökord kunderna har sökt efter. De här andra sökorden kan du med fördel inkludera som ett av dina sökord, självklart under förutsättning att sökordet också är relevant för din bok.

Inkludera boken i upp till tio kategorier
På Amazon finns det över 13 000 olika bokkategorier. I samband med att du publicerar din bok har du möjligheten att inkludera den i två av dem. Inte mycket, eller hur?! Men som tur är har du möjlighet att inkludera boken i ytterligare åtta kategorier *efter* det att boken har publicerats. Att ha boken i totalt tio olika kategorier istället för två kan göra stor skillnad för försäljningen då boken visas på fler ställen inne på Amazon. Du kan redan nu leta upp tio relevanta kategorier

för din bok. Om du inte hittar tio relevanta kategorier går det bra med färre också.

Det finns flera olika vägar till Amazons kategorilista. Ett sätt är att klicka dig till *Kindle Store* → *Kindle eBooks* och därifrån kan du sedan börja scanna av vilka kategorier som är relevanta för din bok. Ett annat sätt är att gå in på en boks produktsida, bläddra ner till *product details* och klicka dig vidare in på den bokens kategorier.

Oavsett vilken väg du väljer vet du att du är på rätt ställe så fort du är inne på en topp 100-lista, då varje kategori har en egen sådan lista. Det finns alltså fler än 13 000 topp 100-listor inne på Amazon! Utöver en topp 100-lista har varje kategori även en "new release"-lista och den listan är extra intressant för dig i samband med att du precis har publicerat din bok.

När du har publicerat din bok kommer den att finnas på new release-listan för respektive kategori i 30 dagar. New release-listorna har även de en egen topp 100-lista och vanligtvis krävs det enbart ett par sales för att din bok ska segla upp som #1 new release i någon av bokens tio kategorier. När boken blir #1 new release får dess produktsida en orange flagga som signalerar att boken är en #1 new release. Att produktsidan har den flaggan ger mer tyngd åt boken och kan bidra till att fler kunder köper boken.

När du publicerar boken är min rekommendation att välja de två mest relevanta kategorierna du hittar. Det här med att inkludera din bok i totalt tio kategorier är inte något som Amazon skyltar med eller som framgår när du publicerar boken. Så fort boken har gått live behöver du maila KDP support, vilket görs inifrån ditt KDP-konto, och be om att få inkludera boken i ytterligare kategorier. Om du vill behåller du de två kategorierna du valde i samband med publiceringen och inkluderar boken i ytterligare åtta. Det viktiga i sammanhanget är bara att du måste ange hela kategorikedjan när du mailar KDP support. Hela kategorikedjan innebär samtliga nivåer av kategorier och du kan se dem till vänster i bild inne på Amazon om du surfar från en dator (kategorikedjan syns inte i mobilläget). Ett exempel på hur kategorikedjan ser ut för kategorin "Budgeting & Money Management" är *Kindle eBooks/Business & Money/Personal Finance/Budgeting & Money Management.*

Sista pusselbiten, gör ett baksidesomslag till pocketboken

Den sista pusselbiten innan publicering är att göra ett pocketboksomslag. En pocketbok har ett tvåsidigt omslag (en framsida och en baksida). Kontakta din omslagsdesigner, skicka med e-bokomslaget och be designern att göra ett pocketbokomslag. Det designern behöver veta är pocketbokens storlek, hur många sidor boken är och texten du vill ha på baksidan av boken. Min rekommendation är att du använder bokbeskrivningen som text till baksidan av boken.

Efter att du har förberett alla bitar är det dags att pussla ihop dem och göra boken tillgänglig för försäljning på Amazon!

9. Publicera boken på Amazon

I tidigare kapitel har jag vid ett par tillfällen hänvisat till KDP. KDP är en förkortning av *Kindle Direct Publishing* och är Amazons plattform för egenutgivning av e-böcker, pocketböcker och fysiska böcker med hårt omslag (hardcovers). Webbadressen till KDP är www.kdp.com. För att du ska kunna publicera dina böcker på Amazon behöver du öppna ett konto där.

Börja med att gå till KDP och öppna ett konto i ditt riktiga namn (öppna inte kontot under ditt pseudonym även om du ska ge ut boken under ett sådant). Trots att ditt KDP-konto är öppnat under ditt riktiga namn kommer det aldrig att synas publikt på Amazon. Amazons kunder kommer aldrig kunna spåra att det är du som har gett ut en viss bok. Att öppna ett KDP-konto är helt gratis och det kostar heller ingenting att publicera en eller flera böcker. Och för dig som har företag, det går utmärkt att öppna ett företagskonto på KDP. Det går även att byta från ett personligt konto till ett företagskonto om du skulle vilja göra det längre fram.

Ditt KDP-konto är hubben i allt som har med bokutgivning på Amazon att göra. Det är från KDP som du publicerar dina böcker, gör ändringar i böckerna, hanterar metadata, med mera. Det är även på KDP som du anger vart du vill ha dina royaltieutbetalningar. Personligen hanterar jag mitt KDP-konto lika varsamt som jag hanterar mina bankkonton. Det innebär att jag aldrig skulle ge ut mitt lösenord till mitt KDP-konto eller låta någon annan logga på mitt KDP-konto.

Skatter

Jag får ofta frågor om hur man skattar och deklarerar sina Amazon-
inkomster. Då jag själv inte är utbildad inom skattejuridik och därför
inte känner mig bekväm med att råda i skattefrågor brukar jag istället
hänvisa till att alltid ta kontakt med Skatteverket. Skatteverket kan
svara på hur du ska göra utifrån just dina förutsättningar oavsett om
du ger ut dina böcker som privatperson, enskild firma eller genom
ett aktiebolag.

Oavsett om du ger ut dina böcker som privatperson eller genom ett
företag kommer du att vara tvungen att göra en digital skattintervju i
samband med att du öppnar ditt KDP-konto. Skatteintervjun består
av en rad olika skriftliga frågor. Mellan Sverige och USA finns ett
avtal som hindrar dubbelbeskattning. Det betyder att du ska fylla i att
du inte ska betala skatt i USA. När du har gjort klart skatteintervjun
ska det stå att Amazon betalar ut 100 % av dina royalties till dig,
annars har något gått snett på vägen. Det är sedan upp till dig att
redovisa dem rätt i din egen, eller ditt företags deklaration.

Publicera e-boken

Nu är det äntligen dags att publicera e-boken! I förra kapitlet för-
beredde vi alla bitar som behövs för att publiceringsprocessen ska gå
så smidigt som möjligt. Första gången du publicerar en e-bok
kommer det troligtvis att ta lite tid, så var beredd på det. Om du kör
fast under publiceringen finns det ett hjälpcenter med jättebra
instruktioner och videos inne på KDP där du kan få hjälp, så kolla in
det. Här följer en övergripande förklaring av hur alla olika steg i
publiceringsprocessen går till.

Börja med att logga in på ditt KDP-konto och gå till "Bookshelf".
Längst upp på sidan står det "+ Create", tryck där och välj "Kindle

Book". Nu kommer du till stegen där du ska fylla i alla uppgifter om boken. När du väl har publicerat boken kommer boken att synas under "your Books". När du senare ska publicera pocketboken kan du trycka på "+ Create paperback" inom bokens ruta i "your Books". Om du gör det behöver du inte fylla i all information om boken igen och publiceringen av pocketboken kommer att gå på ett kick.

Titel, subtitel, och författare
Ange e-bokens språk, titel, subtitel och fyll i författarnamnet. Var noga med att stava rätt och se noga till att det stämmer överens med vad som står på omslaget.

Description
Description är detsamma som bokbeskrivning. Kopiera in bokbeskrivningen och formatera den så att det ser bra ut. Ett tips är att ha den första raden i bokbeskrivningen (attention-delen) i fetstil, då fetstil ger kontrast mot Amazons vita produktsidor och drar till sig blickarna från Amazons kunder. Försök även att göra bokbeskrivningen lite luftig så att den blir lätt att läsa.

Publishing Rights
Klicka i att du äger rättigheterna till boken. Om du har skrivit boken själv eller använt dig av en spökskrivare genom The Writing Summit äger du 100 % av alla rättigheter. Om du har använt dig av en annan spökskrivare äger du även då med största sannolikhet alla rättigheter, men det kan vara värt att dubbelkolla för säkerhets skull.

Keywords
I förra kapitlet skrev jag om hur du hittar sökord. Kom ihåg att du inte behöver återupprepa ord och att inte glömma av att inkludera meningsbyggnadsord som "about" och "how to". Fyll boxarna till

bredden med olika ord och fraser som är relevanta för boken. Som ett exempel har jag fyllt i den första sökordsboxen för min bok Likes Don't Pay Bills såhär: "social media marketing for business guide" (observera att det inte behöver vara ett kommatecken mellan sökorden).

Kategorier

Här väljer du de två mest relevanta kategorierna för din bok som du hittar. Efter att boken har publicerats mailar du KDP och ber om att få boken inkluderad i upp till åtta ytterligare kategorier, vilket jag skrev mer om i förra kapitlet.

Ladda upp bokfilen och omslaget

När du kommer till steget där du ska ladda upp textfilen kommer du se att det är möjligt att ladda upp e-boken i flera olika format, bland annat som word-fil. Även om det går att ladda upp word-filer är min rekommendation att ändå publicera e-böcker som en e-pubfil. Var nog med att du laddar upp rätt fil så att du inte av misstag råkar publicera fel version av boken. Omslaget laddas upp som jpeg för e-boken och som PDF för pocketboken.

KDP Select

Amazons prenumerationstjänst för de som gillar att läsa e-böcker heter Kindle Unlimited. Likt många andra prenumerationstjänster innebär Kindle Unlimited obegränsad tillgång till ett visst utbud. I det här fallet innebär det att den som betalar $10 i månaden har tillgång till alla e-böcker som ingår i Kindle Unlimited, vilket är över en miljon till antalet.

Du som Amazonutgivare har möjlighet att inkludera din e-bok i Kindle Unlimited genom att kryssa i rutan för "enroll in KDP

Select". Om du gör det förbinder du dig att e-boken är exklusiv för Amazon i en KDP Select-period om 90 dagar. Att e-boken är exklusiv på Amazon betyder att du lovar att du inte kommer sälja e-boken någon annanstans under tiden boken är inkluderad i KDP Select.

Efter 90 dagar börjar nästa KDP Select-period automatisk, då om ytterligare 90 dagar. Om du inte vill ha kvar e-boken i KDP Select behöver du självmant gå in och avsluta KDP Select-perioden genom att klicka dig in på "KDP Select info" som du hittar om du håller muspekaren över de tre prickarna i vyn "your books". Där inne kan du avanmäla e-boken från KDP Select. Kom bara ihåg att du inte får publicera e-boken någon annanstans förrän den pågående KDP Select-perioden har löpt ut.

Så vad skulle du få ut av att inkludera din e-bok i KDP Select och därigenom även ha den i Kindle Unlimited? Den största fördelen med att inkludera boken i KDP Select är att du kan tjäna royalties på två olika sätt på samma e-bok. Dels får du royalties när Amazons kunder köper e-boken och dels får du royalties när Kindle Unlimited-prenumeranterna läser e-boken som en del i deras prenumeration.

Royalties på från Kindle Unlimited beräknas en gång i månaden. Alla utgivare som har minst en e-bok inkluderad i Kindle Unlimited får vara med och dela på en månadspott. Potten baseras på hur många prenumeranter det är med i Kindle Unlimited den månaden och som en referens brukar månadspotten vara på ett par tiotals miljoner dollar. Royalties beräknas utifrån hur många sidor läsarna har läst av dina e-böcker i förhållande till det totala antalet lästa sidor för alla e-böcker som är med i Kindle Unlimited. Som ett snitt brukar man säga att en läst sida motsvarar cirka 5 dollarcent. Det innebär att du tjänar cirka $1 per varje 200 lästa sidor.

Att inkludera e-boken i KDP Select innebär även att du får tillgång till ett par olika marknadsföringsverktyg som att exempelvis erbjuda e-boken gratis i 5 dagar under varje KDP Select-period eller att göra olika kampanjer med prissänkningar på e-boken.

För egen del brukar bara omkring 5 % av mina totala royalties komma från Kindle Unlimited, vilket är ganska naturligt med tanke på att Kindle Unlimited främst är utformat för Amazons kunder som läser fiction och för utgivare som publicerar långa fictionböcker.

Du får själva avgöra om KDP Select är för din e-bok eller inte, men min rekommendation är att inkludera e-boken i KDP Select till att börja med, om du inte redan vet att du avser att publicera e-boken på andra ställen som exempelvis Apple Books, Google eller Kobo.

Preview

När du har fyllt i alla fält och laddat upp alla filer är boken nästan redo att publiceras. Men innan du trycker på knappen och låter din e-bok gå live behöver du göra en sista sak, nämligen öppna e-boken och kontrollerna den i preview-läge. Preview-läget är en spegling av hur den färdiga e-boken kommer att se ut för kunderna. Bläddra igenom previewn, testa alla länkar och se över så att allt ser bra ut. Om det är något du är osäker på eller vill ändra, är det hög tid att göra det nu. Du vill inte riskera att boken får en dålig review på något som du hade kunnat fixa till.

Prissättning av e-boken

Du bestämmer priset på din e-bok själv. Min rekommendation är att du inledningsvis lanserar boken för 99 cent med 35 % royalties. Med en prissättning på 99 cent kommer du inte att tjäna några märkvärdiga mängder royalties, men det är inte heller tanken. Tanken är att ha en så liten tröskel mellan e-boken och Amazons kunder som det bara går. Först när du har fått ett tiotal sales och några reviews på din e-bok är det dags att höja priset, då förslagsvis till $2.99. Ett annat argument till att lansera e-boken för 99 cent är det är att en prisnivå som kommer att underlätta marknadsföring via Bookbub (läs mer om det i kapitel 12).

När du sätter priset i US-dollar, var uppmärksam på hur KDP konverterar priset till andra valutor. En bok för 99 US-cent kan få ett udda pris i andra valutor, exempelvis $1.32 i kanadensiska dollar. Justera och snygga till priset så att det ser kommersiellt ut i alla olika valutor.

Efter att du är färdig med alla steg i publiceringsprocessen trycker du på "publish". Det kommer att dröja ungefär 48 timmar tills du får ett mail om att din e-bok är publicerad på Amazon. Efter att du har fått mailet om att boken är publicerad kan du söka upp boken på Amazon och titta på produktsidan så att allt ser bra ut. Blev din beskrivning formaterad så som du tänkte? Är allt rättstavat? Om du hittar något fel eller vill ändra något kan du enkelt göra det genom att logga in på KDP, ändra det du vill ändra, och publicera boken på nytt. Om du gör ändringar på produktsidan eller inne i e-boken kommer den gamla versionen vara live tills den nya har publicerats.

Några skillnader vid publicering av pocketboken

Efter att du har publicerat e-boken är det dags att publicera pocket-
boken. Det går i stort sätt till på samma sätt. Logga in på KDP och
börja med att tryck på "+ Create paperback" inom e-bokens ruta i
"your books". Där kommer du se att en del fält redan är förifyllda
med samma information som du angav vid e-bokspubliceringen.

När du har kollat igenom så att all förifylld information stämmer
plockar du fram pocketbokens bokfil och omslag och laddar upp
dem samt anger att du vill att KDP ger ditt ett gratis ISBN-nummer
genom att trycka på "assign me a FREE ISBN". Detta ISBN-
nummer får du inte lov att använda någon annanstans än på KDP.

Preview av pocketboken

För att kunna publicera pocketboken måste du göra en "preview".
Tryck på "launch preview" och titta hur det ser ut. Ser boken ut så
som du tänkt dig? Om det är något fel i boken, exempelvis att
omslaget inte har rätt storlek, så kommer du att få ett meddelande
om det. Du kommer att vara tvungen att åtgärda alla fel som Amazon
signalerar om innan du kan trycka på "Approve Preview" och
komma till sista steget i publiceringsprocessen.

Expanded distribution

För pocketböcker finns det inget KDP Select, men Amazon erbjuder
"expanded distribution" vilket betyder att Amazon kan distribuera
pocketboken hos andra nätbokhandlare om du vill. Om du inkluderar
pocketboken i expanded distribution får du inte publicera pocket-
boken på andra distributionssajter som exempelvis Ingramspark.
Själv har jag inga av mina pocketböcker i Amazons expanded
distribution. Jag använder mig istället av Ingramspark för att nå nät-
bokhandlare utanför Amazon då Ingramspark ger både bättre

royalties och bredare distribution över fler sajter än Amazons expanded distribution.

Prissätt och publicera pocketboken

Du sätter själv priset på din pocketbok. En riktlinje för en pocketbok på omkring 10 000 ord är $9.99. Personligen har jag aldrig upplevt att Amazons kunder är direkt priskänsliga. Det betyder att en bok för $7.99 inte nödvändigtvis behöver sälja bättre än en bok för $9.99 bara för att den är billigare. Därför rekommenderar jag att du prissätter pocketboken till $9.99. När du senare har fått bevis på att pocketboken säljer kan du testa att höja priset.

Efter att du är färdig med alla steg i publiceringsprocessen trycker du på ”publish”. Det kommer att dröja ungefär 48 timmar tills du får ett mail om att pocketboken är publicerad på Amazon. Efter att du har fått mailet om att boken är publicerad kan du söka upp den på Amazon och kolla på produktsidan så att allt ser bra ut. Blev din beskrivning formaterad så som du tänkte? Är allt rättstavat? Om du hittar något fel eller vill ändra något kan du enkelt göra det genom att logga in på KDP, ändra det du vill ändra, och publicera pocketboken på nytt.

När både e-boken och pocketboken är publicerade är det dags att börja marknadsföra och att få boken att sälja!

10. Autentisk marknadsföring

En av de vanligaste frågorna i alla författar- och Amazon-utgivningsgrupper som jag är med i är något i stil med "Hej, kan någon tipsa om bästa sättet att marknadsföra min bok?".

Innan jag svarar på vilka som, enligt mig, är de bästa sätten att marknadsföra Amazonutgivna böcker på vill jag först dela med mig om några tankar jag har om begreppet "marknadsföring". Enligt mina erfarenheter väcker begreppet marknadsföring alla möjliga typer av rädslor och obehagliga känslor hos många. En bidragande orsak till varför det kan vara så är för att det är vanligt att inte vilja vill sticka ut och verka säljig, då många säljare har ett rykte om sig att vara sliskiga personer som bara är intresserade av att tjäna pengar. Vem vill uppfattas som en sliskig person som bara vill tjäna pengar? Inte jag i alla fall! Och säkert inte du heller.

Jag tycker att det är tråkigt att marknadsföring i många fall har ett så pass dåligt rykte, men jag skulle vilja hävda att det beror på att man generellt sett drar all typ av marknadsföring över en och samma kam och inte skiljer på det som ibland kallas manipulativ marknadsföring och det som kallas autentiskt marknadsföring.

Skillnaden mellan manipulativ och autentisk marknadsföring
Autentisk marknadsföring av böcker handlar om att presentera en bok framför en person som du vet har ett visst akut problem/frågeställning, där personen i fråga har ett intresse av att lösa sitt problem/frågeställning genom att läsa en bok och där boken de facto innehåller lösningen/svaret på personens

problem/frågeställning. En viktig del inom autentisk marknadsföring är även att personen i fråga måste ha möjligheten att själv välja om de vill köpa boken eller inte. När samtliga dessa kriterier är uppfyllda kan man kort och gott säga att du gör personen en tjänst genom att marknadsföra boken till dem. Du erbjuder dem en lösning och en väg framåt genom att ge dem möjligheten att köpa boken. Autentisk marknadsföring kommer då upplevas som intressant och tilltalande.

Jämför det med manipulativ marknadsföring som ligger bakom mycket av det dåliga ryktet som marknadsföring har. Manipulativ marknadsföring går ut på att försöka övertyga en person att köpa något som denne vanligtvis inte vill ha. Man försöker här ta bort en persons fria vilja att själv fatta beslutet och istället pressa personen till att köpa, vilket kan uppfattas som obehagligt och jobbigt, eller sliskigt och säljigt.

När du fokuserar helhjärtat på autentisk marknadsföring och tar avstånd från manipulativa marknadsföringsstrategier kommer du att märka att marknadsföring inte nödvändigtvis behöver vara så skrämmande. Tvärtom har autentisk marknadsföring alla förut-sättningar att vara kreativ och rolig då hela syftet med den är att göra dina potentiella kunder en tjänst genom att marknadsföra en bok till dem som du vet att de vill läsa.

Amazons läsvana kunder är ständigt på jakt efter nya böcker

En av mina hobbys är att läsa böcker. För mig är läsandet en bakgrundsaktivitet som jag gör varje dag och jag försöker hela tiden läsa när jag pendlar till och från jobbet eller har en stund över mellan olika vardagsaktiviteter. I snitt läser jag ca 45 minuter om dagen och med tanke på att en bok vanligtvis tar omkring fem timmar att läsa ut innebär det att jag läser ut ett par böcker i månaden. En direkt följd av detta är att jag, precis som många andra läsvana kunder på Amazon, ständigt är på jakt efter att köpa nya intressanta böcker.

När du nu ska börja marknadsföra din bok kan det vara bra att ha en bild framför dig av hur Amazons kunder hittar böckerna som de väljer att köpa. För att förklara hur det går till kan jag använda mig själv som ett exempel. Jag tror inte att sättet som jag hittar böcker på skiljer sig nämnvärt från hur den genomsnittlige läsvana Amazon-kunden hittar sina böcker.

Det finns många olika sätt att hitta nya böcker att läsa. Jag brukar bland annat regelbundet scanna topplistorna inom olika kategorier på Amazon, jag lyssnar på mina favoritförfattares poddar och influeras av deras bokrekommendationer och jag prenumererar på Bookbubs dagliga mailutskick med e-bokdeals, för att nämna några olika sätt.

Sett ur ett marknadsföringsperspektiv visar det här att det är jag i egenskap av läsare som hela tiden är på jakt efter nya böcker och att det oftast är jag själv som hittar en bok jag vill läsa utan att författaren i fråga har marknadsfört boken direkt till mig. Om vi använder det som ett generellt antagande innebär det att det bra mycket oftare är Amazons kunder som själva hittar de böcker de vill läsa än omvänt, att författare (eller utgivare) istället letar upp Amazons kunder.

Marknadsföringsmässigt betyder det att ditt fokus bör ligga på att göra det enkelt för Amazons kunder att hitta din bok, snarare än att du ska hitta Amazons kunder. För att kicka igång spiralen och göra det enkelt för Amazons kunder att hitta din bok är det första steget att från början få rätt kunder att köpa boken.

Rätt kunder måste köpa din bok

Efter att din bok har publicerats och du har kontrollerat att produktsidan ser ut så som du vill ha den är ofta instinkten att vilja ta fram megafonen och ropa ut till alla du känner att de ska gå in och köpa den. Men det ska du inte göra riktigt än. Istället är min rekommendation att du är helt tyst och inte säger till någon att boken kommit ut tills dess att du har fått en handfull sales från rätt kunder. Låt mig förklara varför.

Om du kommer ihåg skrev jag i inledningen av den här boken att Amazon är uppbyggt kring relevans och att det stora värdet av att sälja böcker på just Amazon är att Amazon själva gör allt de kan för att marknadsföra din bok åt dig, under förutsättning att de vet vad din bok handlar om och vem den kan vara av intresse för.

Till en början har Amazon bara metadata (sökord och kategorier med mera) till förfogande för att göra den bedömningen men efter hand som boken får fler och fler sales stärks bokens produktkopplingar med andra böcker. En produktkoppling innebär att din bok blir förknippad med en annan bok och exempelvis visas på den bokens produktsida i det som heter "customers who have bought have also bought"-karusellen.

Den långsiktigt bästa marknadsföringsstrategin går ut på att hela tiden stärka produktkopplingarna mellan din bok och andra liknande böcker. Effekten av det kommer bli att din bok stegvis får mer och mer exponering inne på Amazon framför rätt läsare, då boken hela tiden syns på fler och fler produktsidor, vilket gör det lättare för rätt kunder att hitta just din bok, vilket i sin tur innebär fler sales.

En annan effekt av att många kunder med liknande köphistorik och liknande bokpreferenser köper din bok är att det blir lättare och lättare för Amazon att på egen hand börja marknadsföra din bok i deras mejlutskick och runt omkring på plattformen då de har bra koll på vem som kan tänkas vilja köpa boken. Det rimmar väl med Amazons affärsmodell som går ut på att deras kunder ska ha en bra köpupplevelse, vilket till stor del innebär att de exponeras för produkter som de faktiskt kan tänka sig att köpa.

Vid flera tillfällen har Amazons algoritmer plockat upp några av mina böcker och börjat marknadsföra dem på egen hand. Av alla olika marknadsföringsstrategier och säljkampanjer jag har gjort genom åren kan jag säga att finns ingen kraftfullare marknadsföring än att ha Amazons algoritmer i ryggen som marknadsför din bok åt dig.

Risken med låta din familj eller dina vänner köpa din bok precis efter att den har lanserats är att deras Amazon-köphistorik oftast inte är relevant för boken du har gett ut. Om en kompis till dig exempelvis läser mycket fantasy och köper din träningsbok bara för att vara snäll, då kommer Amazon tro att din träningsbok är relevant för de som läser fantasy. När sedan en annan av dina vänner som brukar köpa barnböcker köper din träningsbok för att vara snäll kommer Amazon bli förvirrad och inte se någon tydlighet i vem som köper boken. Effekten av det kommer bli att de inte vill skylta med din bok framför sina kunder då de inte vet vilka kunder som kan tänkas vara intresserade av boken. Med andra ord kan en marknadsföringsinsats riktad till fel läsare skada bokens långsiktiga möjligheter att sälja, även om det kortsiktigt såklart känns kul att få in några sales.

Så hur gör du då för att nå rätt kunder? Det finns faktiskt ett par sätt att nå rätt kunder med ganska enkla medel. Ett sätt är att *hoppas* att boken börjar sälja av sig själv, utan att du egentligen gör några marknadsföringsinsatser alls. Jag är inget fan av den modellen. Att få igång organisk försäljning är enklare efter att Amazon först har lärt sig vad din bok handlar om och vem den är till för.

Ett bättre sätt att få rätt kunder att köpa boken är att betala för annonsplats, antingen inne på Amazon med Amazon ads, eller genom en sajt som heter Bookbub. Syftet med annonseringen är då att exponera boken på några specifikt utvalda ställen, för att börja stärka kopplingarna mellan din bok och andra liknande böcker. I kapitel 11 och 12 skriver jag om hur du lyckas med Amazon ads och Bookbub ads.

11. Hitta rätt kunder med hjälp av Amazon ads

Amazon har en egen annonseringstjänst som heter Amazon ads. Amazon ads är uppbyggt som pay per click (PPC) vilket innebär att du som annonsör enbart blir debiterad för din annons under förutsättning att någon av Amazons besökare faktiskt klickar på annonsen. Du som annonsör sätter även själv din annonsbudget och du bestämmer själv hur mycket du är villig att betala för varje klick. Detta betyder att om du lanserar en annons, men ingen av Amazons besökare väljer att klicka på den, då kostar det dig ingenting.

Som med det mesta inom annonsering, inte minst med Amazon ads, finns det flera olika skolor och strategier, några bra, andra mindre bra. Av allt som jag har läst om Amazon ads tycker jag att Robert Ryans bok *Amazon Ads Unleashed* och Janet Margots bok *Amazon Ads for Indie Authors* är de två som stämmer bäst överens med hur Amazons ads faktiskt fungerar och hur man gör för att använda det på bästa sätt. Om du vill ha en mer djupgående genomgång av Amazons ads än vad jag skriver om i detta kapitel rekommenderar jag att du läser de böckerna.

Vad all typ av betald annonsering har gemensamt, oavsett om det gäller Amazon ads, Facebook ads, Bookbub ads, eller någon annan annonseringstjänst, är att annonseringen bara är toppen av ett isberg när det kommer till försäljning av boken. Det betyder att det som finns under vattenytan, det vill säga bokomslaget, titeln, bok-beskrivningen, look inside-vyn och prissättningen (gemensamt brukar det kallas *paketeringen* av boken) också måste göra sitt för att de av Amazons kunder som klickar på annonsen tillslut ska välja att köpa boken.

Om bokens paketering är mitt i prick, då kan annonsering fungera som raketbränsle för försäljningen. Men om bokens paketering däremot innehåller stora brister, då spelar det ingen roll hur mycket pengar som spenderas på annonsering. Boken kommer ändå aldrig att sälja.

En fördel med att använda Amazon ads jämfört med andra annonseringstjänster är att annonsen visas inne på Amazon, framför ögonen på en potentiell kund som självmant har surfat in på Amazon för att leta efter just böcker. Det i sin tur ger bra förutsättningar för att nå rätt kunder, vilket också ger en bra effekt för att börja stärka bokens produktkopplingar som jag skrev om i föregående kapitel. Jämför detta med annonsering utanför Amazon, där du måste börja med att få kunden att lämna en sajt, exempelvis Facebook, för att ge sig in på Amazon och därefter bli sugen på att köpa din bok. Du förstår säkert att den köpresan är längre och innehåller fler steg.

Amazons ads utvecklas ständigt med nya funktioner och vid en första anblick kan det kanske verka krångligt att lansera en annonskampanj. Jag tycker inte att det finns någon anledning att komplicera annonseringen i detta läget och enligt mig räcker det att ha koll på grunderna för att kunna lansera din första lyckade Amazon ads-kampanj. Resterande del av detta kapitel kan användas som en hjälpande hand för dig genom processen att lansera en Amazon ads-kampanj för din bok.

Lansera en Amazon ads-kampanj

Till att börja med behöver du komma in i Amazon ads-panelen. Gå in på ditt KDP-konto och välj "bookshelf". Under "your books" ser du alla dina böcker som du har publicerat, där var och en av dem har som en egen vit ruta. Till höger i den rutan ser du att det står "KINDLE EBOOK ACTIONS" alternativt "PAPERBACK ACTIONS". Precis bredvid ser du tre prickar som du kan klicka på. Klicka på dem och välj "promote and advertise". Nu öppnas en ny ruta där du kan välja mellan olika sätt att marknadsföra din bok genom "KDP Select", "Run a Price Promotion" och "Run an Ad Campaign".

Ställ dig i rutan "Run an Ad Campaign" tryck på "choose market-place", välj Amazon.com och tryck på den gula knappen "Create an ad campaign".

Om allt stämmer kommer du nu att förflyttas till Amazon ads-panelen där du hanterar allt som har med dina Amazon ads att göra. Som tur är behöver du inte gå den "långa" vägen till Amazon ads varje gång, när du väl har startat din kampanj kan du gå direkt till hemsidan www.advertising.amazon.com.

Det första steget är att välja vilken typ av annons du vill starta upp. Amazon ändrar, lägger till och tar bort olika typer av annonser emellanåt, men den annonstyp som alltid består är den som heter "sponsored ads". Sponsored ads är Amazons flaggskepp när det kommer till betald annonsering med Amazon ads och resten av detta kapitel kommer därför uteslutande att handla om just sponsored ads.

Amazon ads-panelen

Startvyn du ser inne på Amazon ads är en sammanställning av alla dina kampanjer, både pågående och avslutade. I startvyn ser du en graf. Om du klickar på den går det att ta fram statistik över flera olika parametrar från din annonsering. Du ändrar parametrarna genom att klicka på "add metric" och välja det du vill se för stunden. Troligtvis är det helt tomt där nu om du inte själv har testat på att göra en Amazon ads-kampanj tidigare. Alla metrics är viktiga på sitt sätt och det går att grotta ner sig och analysera dem in i minsta detalj, men för att hålla detta på en övergripande och hyfsat begriplig nivå är det framförallt tre metrics vi ska lära oss att hålla koll på:

1. Impressions (eller på svenska, visningar)

Att annonsen visas inne på Amazon är superviktigt. Om annonsen inte visas kommer inte Amazons besökare kunna klicka på annonsen och utan klicks blir det inga sales. Även om Amazon ads är uppbyggt kring att du som annonsör enbart betalar när någon klickar på annonsen är det ändå viktigt att annonsen visas på rätt ställe framför rätt kund. En fälla många går i är att de tycker att det inte borde spela så stor roll vart annonsen visas, då man som annonsör ändå inte betalar för antal visningar utan bara för antal klicks.

Som du redan vet vid det här laget går Amazons affärsmodell ut på att presentera relevanta produkter framför rätt kunder, för att kunden i fråga ska få en så bra köpupplevelse som möjligt. Samma resonemang gäller i allra högsta grad när det kommer till annonsering inne på Amazon. Om du som annonsör bidrar till att Amazons kunder får en bra upplevelse genom att visa annonsen på relevanta ställen framför rätt kunder, då kommer Amazon ge din annons fördelar framför andra annonser som inte lever upp till detta. En sådan fördel kan exempelvis innebära att Amazon är villiga att debitera dig en lägre kostnad per annonsklick jämfört med vad andra annonsörer får betala.

I Amazon ads-panelen kan du se hur många gånger annonsen har visats och med den mängd trafik som Amazon har går det att få många tusentals visningar på en annons *på rätt ställen* varje dag. När det gäller visningar av annonsen kokar det i slutändan trots allt ner till att visningar ändå på sätt och vis bara är värda någonting så länge de leder till att Amazons besökare faktiskt också klickar på annonsen. Vilket leder oss vidare till nästa metric att spana in.

2. Clicks (antal klick annonsen får)

När annonsen väl visas inne på Amazon behöver kunderna som sagt klicka på den för att kunna komma vidare och köpa boken. I din Amazon ads-panel kan du se hur många klicks en annons får och hur mycket du har betalat för varje klick. I olika Amazon-utgivningsgrupper florerar det olika siffror på vad som räknas som en bra ratio mellan antal visningar och klicks. Det är dock svårt att generalisera och ge några exakta siffror på just detta då det varierar en hel del från nisch till nisch. En bra riktlinje kan ändå vara ett klick per 500 visningar. Jag har bra annonser som gett ett klick per 200 visningar men också de som gett ett klick per 1500 visningar och ändå gett ett lyckat försäljningsresultat.

3. Sales (antal sålda ex)

Hela syftet med att annonsera en bok med Amazon ads är att rätt kunder ska hitta och köpa boken. I Amazon ads-panelen kan du se hur många ex boken sålt tack vare annonsen. En myt som florerar inom vissa Amazonutgivningsgrupper är att säljstatistiken på Amazon ads-panelen inte stämmer, men det gör den. Antal sålda ex som visas inne i din Amazon ads-panel är de antal sales som är en direkt effekt av annonsen. Dessa kommer med största sannolikhet inte överensstämma med dina totala antal sales som du ser under rapporteringen på KDP, vilket är helt i sin ordning. Detta beror på att Amazons kunder kan hitta och köpa din bok via andra vägar än bara genom dina ads, exempelvis via sökflödet eller när de surfar runt bland olika kategorier inne på Amazon.

Ration mellan antal clicks på annonsen och antal sålda ex av boken varierar bland annat beroende på inom vilken nisch boken är, men som en riktlinje vill jag att skicka med dig att med rätt paketering och en lyckad annons går det att uppnå ungefär ett sålt ex per var tionde klick.

Bestäm din Amazon ads-strategi
Inom Amazonutgivning debatteras det ofta vilken som är den bästa Amazon ads-strategin. Vissa hävdar att det är självklart att man ska annonsera för så lite pengar som möjligt och ha så stora marginaler som det bara går, medan andra hävdar att den bästa strategin är att buda högt och försöka få så många sales som möjligt, även om annonsen då går plus/minus noll eller till och med minus. Tanken med den senare strategin är då att annonsen ska hjälpa till att väcka Amazons algoritmer som då på egen hand börjar marknadsföra boken. På så sätt kan försäljningen av boken få en riktig kick och ta fart och nå helt andra nivåer än vad som vore möjligt genom enbart annonsering.

Beroende på din budget, hur många böcker du har gett ut och vad du har för erfarenheter av betald annonsering är det upp till dig att välja en strategi som du är bekväm med. Kanske vill du testa på att göra en annons för så lite pengar som möjligt bara för att det är kul? Då gör du det. Eller så har du kanske gett ut flera böcker, har tidigare erfarenhet av betald annonsering och är beredd att testa på plus/minus noll-strategin direkt? Bara du vet vad som passar dig bäst. Det viktiga är att känna till att det finns olika strategier för Amazon ads. Oavsett vilken strategi du väljer vill jag flagga för att det är svårt att gå plus på en Amazon ad om du bara har gett ut en bok. Även de mest etablerade Amazonutgivarna säger att det brukar krävas i vart fall tre böcker som publiceras i en serie innan man når full effekt av betalad annonsering med Amazon ads. Jag förklarar varför det är så under avsnittet *publicera i en serie* i kapitel 12.

Skillnaden mellan sökordskampanjer och produktkampanjer

Med Amazons sponsored ads går det att göra två olika typer av annonser. Den ena riktar in sig på sökord och den andra på produkter. Skillnaden mellan dem är stor och det går inte att ha sökord och produkter i samma annonskampanj. Min rekommendation är att du testar båda och ser vilken som funkar bäst för dig.

Sökordskampanj

En sökordskampanj är precis vad det låter som. Om du exempelvis har gett ut en bok om yoga för barn har du möjlighet att köpa plats i Amazons flöde på olika sökord. Låt säga att du har inkluderat sökordet "yoga for kids" som ett av sökorden för bokens annons, då kommer boken att visas i sökflödet när någon av Amazons kunder söker på "yoga for kids". Beroende på hur mycket du är beredd att betala för att din annons ska synas i sökflödet på det sökordet kommer Amazon debitera dig olika mycket. Det kostar vanligtvis mer att synas på sidan ett jämfört med att synas på sidan fem i sökflödet.

Produktkampanj

Om du istället skulle starta en produktkampanj för yoga för barnboken, då kommer annonsen inte synas i sökflödet utan istället exklusivt visas inne på andra böckers produktsidor. Om du går in på en boks produktsida och scrollar ner lite ser du att det finns ett sponsrat flöde med böcker, som ser i princip likadant ut som "also bought"-flödet. Om du inte ser annonsflödet kan du testa med att lägga in en Amerikansk leveransadress på ditt Amazonkonto. Jag har lagt till en Hilton Hotell-adress som en av mina adresser och har den adressen som grundinställning på mitt Amazonkonto även om jag aldrig har beställt produkter dit. Med en amerikansk leveransadress inlagd kommer du se att Amazonsidan laddar om och det sponsrade flödet syns. Det är alltså här i det sponsrade flödet som en produkt-kampanj visas. Det innebär att dessa annonser bara visas för kunder som har amerikanska leveransadresser.

Fördelen med en produktkampanj är att du kan välja på vilka böcker du vill att din annons ska visas. I fallet med en yoga för barn-bok hade du kunnat köpa annonsplats på de mest populära yoga för barn-böckerna och på så vis vara säker på att annonsen visas framför ögonen på rätt kunder.

Vad som avgör bokens placering i annonsflödet

En avgörande faktor för att Amazon ads ska fungera är som sagt att annonsen faktiskt visas inne på Amazon. Det finns flera olika ställen som annonserna kan visas på, där majoriteten av alla annonser antingen visas i sökflödet eller inne på böckernas produktsidor.

För ett otränat Amazonöga syns det nästan ingen skillnad på en köpt annonsplats och en "vanlig" placering av en bok i flödet. Om du går in på Amazon, väljer Kindle Store och skriver in ett sökord, exempelvis "yoga" kommer du se att boken som visas överst i sök-flödet har en liten grå text där det står "sponsored" direkt till höger om omslaget. Det sponsrade flödet inne på böckernas produktsidor visas i flödet direkt under bokbeskrivningen, där du ser att det står "sponsored" uppe i vänstra hörnet av flödet. Kom ihåg att en förutsättning för att annonserna syns är att du har ditt Amazonkonto inställt på en amerikansk leveransadress.

Som annonsör vill du att din annons ska få så bra annonsplaceringar som möjligt, gärna på förstasidan i sökflödet om du gör en sökordskampanj och i första raden med böcker om du gör en produktkampanj. Vad som avgör var i annonsflödet annonsen syns är framförallt de här tre parametrarna:

1. Budstorleken

När någon av Amazons besökare gör en sökning i sökrutan eller klickar in sig på en produkt så sker en automatisk auktion bland alla annonsörer som har angett att de är intresserade av att visa sin annons för det sökordet eller inne på den produktsidan. Beroende på hur populärt ett sökord eller en produkt är att annonsera på kostar det olika mycket pengar att vinna auktionen och därigenom få den bästa annonsplaceringen.

Du som annonsör bestämmer själv hur mycket pengar du är beredd att betala för att vara med i auktionen för olika sökord och produkter. Det innebär att om du inte ställer in din annons med tillräckligt höga bud har din annons aldrig chans att vinna några auktioner vilket i sin tur för med sig att annonsplaceringarna som din annons kan få inte blir lika många och fördelaktiga.

Din annonseringsstrategi och hur mycket du är villig att buda för att annonsen ska vinna auktionerna är alltså avgörande för hur mycket exponering annonsen kommer att få. En riktlinje jag har är att alltid buda minst 50 cent, men emellanåt kan jag vara beredd att buda upp till en dollar per klick på vissa böcker om jag försöker kicka igång

Amazons algoritmer att börja marknadsföra och sälja boken åt mig. Här vill jag vara tydlig med att du inte bör buda mer än vad du är bekväm med att spendera.

2. Relevans och klicks

En annan parameter som avgör vart i annonsflödet annonsen placeras är vad Amazons besökare tycker om annonsen. Om de klickar på annonsen kommer Amazon vilja visa den oftare jämfört med andra annonser som besökarna inte klickar på. Att ha en tillräckligt bra ratio mellan antal visningar och antal clicks är jätteviktigt för annonsplaceringen.

3. Annonsens historik

Det florerar en myt inom Amazonutgivning att Amazon "dödar" ads, men det gör de inte. Vad Amazon däremot gör är att de ger de annonser minimalt med visningar som inte bidrar till en positiv kundupplevelse. Med en positiv kundupplevelse menas i det här sammanhanget att Amazons kunder tycker att boken verkar så pass intressant att de kan tänka sig att klicka på annonsen för att fortsätta undersöka om boken är rätt för dem.

Den första tiden efter det att du har lanserat annonskampanjen kommer både du som annonsör och Amazon behöva samla in data om annonsen. Detta tar vanligtvis omkring två veckor och under den perioden visas annonsen ganska mycket. Du bör därför inte göra några större justeringar av annonsen under de två första veckorna. Efter två veckor kan det vara bra att börja optimera annonsen och behålla sökorden eller produkterna som genererade visningar och klicks och ta bort de som inte gjorde det, allt för att Amazon ska få en känsla av att du som annonsör vill bidra till en bra kundupplevelse.

I takt med att tiden går kommer Amazon fortsätta samla in data och hela tiden få bättre och bättre koll på vart annonsen presterar bäst. Därför kan en annons historik ha stor påverkan på vart annonsen visas och vilken annonsplacering den får. Ett sätt att dra nytta av det som annonsör är att inte hålla på och göra nya kampanjer stup i kvarten utan hellre jobba med att utveckla en redan existerande annonskampanj.

Starta en sökordsannons:

- Välj "sponsored products".
- Det första valet du behöver göra är om du vill att din annons ska ha någon annonstext eller inte. Jag har aldrig märkt att en annonstext har någon direkt stor inverkan på hur annonsen presterar, så du kan skippa annonstexten om du vill.
- Välj vilken bok du vill annonsera (e-boken eller paperbacken).
- Välj "Manual targeting".
- Välj "Keyword targeting".

I steget därefter skriver du in vilka sökord du vill att din annons ska synas på. Du kommer att kunna välja "bred", "fras", eller "exakt". Vi kan leka med tanken att du har gett ut en bok om yoga och vill inkludera sökordet "easy yoga for beginners". Vid "bred" får annonsen visningar på sökord och sökfraser som är relaterade till kampanjens sökord, även om det inte är en exakt match. Yogaboken i det här fallet hade då visats om Amazons kunder sökte på "easy beginners yoga for adults". Vid "fras" visas annonsen om Amazons kund söker på samma ord som sökfrasen, även fast orden placeras i en annan ordning. Vid "exakt" visas bara annonsen om Amazons kunder söker på exakt samma ord/fras i samma ordning som det framgår i annonskampanjen. Min rekommendation är att du kan testa att lägga till både "bred", "fras" och "exakt" till att börja med och optimera allt eftersom du får in data på vad som genererar visningar och klicks och vad som inte gör det.

- I "Campaign bidding strategy" brukar jag välja "down only".
- Till sist skriver du in ett namn på kampanjen, väljer mellan vilka datum du vill att annonsen ska vara aktiv (eller om du vill att den ska rulla utan slutdatum) samt sätter annonsbudgeten. Kom ihåg att inte annonsera för mer pengar än vad du har råd med.
- Tryck "launch".

Starta en produktplaceringsannons

Gör exakt samma som i stegen ovan för sökordsannonsen, men istället för "keyword targeting" väljer du "product targeting".

En förutsättning för att en produktplaceringskampanj ska fungera är även här att den genererar visningar. Det kräver i sin tur att produkterna som annonseras på är välbesökta. Om du har gett ut en ekonomibok och vill annonsera på produktsidor kommer produktsidan för *Rich Dad Poor Dad*, en bok som får tusentals besökare varje dag, kunna generera mycket mer exponering än om annonsen istället visas på en helt okänd ekonomibok.

Ibland kan det vara lite svårt att hitta bra böcker att rikta in annonsen mot. Det vinnande tankesättet här är att den besökare som surfar in på boken som du riktat in annonsen mot istället för att köpa den boken, klickar sig vidare in på din boks annons istället. För att detta ska fungera behöver du hitta relevanta böcker att annonsera på. Ett sätt att göra det är att undersöka din boks kategoriers topp 100-listor och rikta in annonsen på böcker med en sales rank på under #10 000. Självfallet under förutsättning att de böckerna är relevanta och har samma målgrupp som din bok.

För att inkludera produkter i produktplaceringsannonsen väljer du:
- "targeting" → "product targeting" →"individual products" → "enter list".
- I "enter list"-rutan kopierar du in alla tiltar för böckerna du vill annonsera på.

Kontrollera vart annonsen är i flödet

När din annonskampanj är godkänd och annonsen har gått live kan du själv kontrollera vart annonsen visas. Om du har gjort en produktplaceringskampanj går du in på den produkten, kontrollerar så att du har ditt Amazonkonto inställt på en amerikansk leveransadress och börjar leta var boken syns. Oftast tar det upp till 48 timmar från det att du har lanserat annonsen till dess att den syns. Om annonsen syns väldigt långt bak i annonsflödet kan du justera budet uppåt, vänta några timmar och titta igen vart den hamnar i karusellen. På så sätt kan du kontrollera att boken syns så som du hade tänkt. Detsamma gäller för sökord. Testa att skriv in sökordet och titta vart i sökflödet annonsen visas. Justera budet om du inte är nöjd med annonsplaceringen.

Några avslutande tankar om Amazon ads

Amazon har flera olika annonsplattformar, vilka i stort fungerar på samma sätt. Om du har gjort en annons på Amazon.com kommer den inte att synas för kunder på Amazon.co.uk. Vill du att annonsen ska synas där, då behöver du göra en separat annons för Amazon.co.uk.

Till sist vill jag återigen påpeka att du aldrig ska annonsera för mer pengar än vad du har råd att förlora och att du behöver vara beredd på att det tar lite tid att lära sig hur Amazon ads fungerar. Om du vill lära dig mer om detta rekommenderar jag återigen att du läser Robert Ryans och Janet Margots böcker som jag skrev om i början av det här kapitlet.

12. Hitta rätt kunder med hjälp av
Bookbub ads

Jag skrev tidigare om att ett av de sätt som jag själv hittar böcker på är genom Bookbubs dagliga mailutskick. Bookbub (bookbub.com) är världens största deal site för e-böcker. En e-bok deal site är en sajt som kopplar ihop bokälskare med billiga e-böcker. Bookbub säljer inte e-böckerna själva utan mailutskicket innehåller en länk till dit e-boken kan köpas, vilket allt som oftast är på Amazon. Att prenumerera på Bookbubs dagliga mailutskick är helt gratis. E-böckerna som inkluderas i Bookbubs mailutskick ligger oftast inom prisintervallet $0.00 (gratis) till $2.99.

Av alla de böcker jag läser är ungefär två tredjedelar av dem e-böcker. E-bokformatet blir ständigt mer populärt och i takt med att fler läsare väljer e-böcker framför fysiska böcker satsar även många Amazon-utgivare mer av sina marknadsföringsresurser exklusivt på att marknadsföra just e-böcker.

Förutom att jag själv hittar flera av de e-böckerna jag läser i Bookbubs mailutskick använder jag mig även av betald annonsering på Bookbub genom Bookbub ads, som ett sätt att lansera och marknadsföra mina egna e-böcker. Bookbub ads erbjuder goda möjligheter att marknadsföra e-böcker till rätt kunder och rimmar väl med autentisk marknadsföring. I detta kapitel förklarar jag hur du kan marknadsföra din e-bok till rätt kunder med hjälp av Bookbub ads. Jag rekommenderar att du börjar med att själv starta upp en prenumeration på Bookbub för att bilda dig en egen uppfattning av vad du själv tycker om deras mail. På så sätt ökar även din förståelse för hur Bookbub ads ser ut och du kan själv få lite inspiration för hur du kan designa dina egna annonser.

Designen på ett Bookbub deal email

I samband med att man startar sin prenumeration på Bookbub behöver man välja vilka kategorier av e-böcker och/eller specifika författare man gillar att läsa, så att Bookbub ska kunna veta vilka deals de ska skicka till vem. Bookbub har miljontals prenumeranter som varje dag får ett mail i sin inkorg innehållande dagens e-bok deals, mer eller mindre skräddarsytt just för dem.

Ett mailutskick från Bookbub har ett minimalistisk utseende och är utformat för att dra uppmärksamhet till bokomslagen på de e-böcker som är inkluderade i mailet. Vanligtvis är mailet uppdelat i två delar, där den första delen innehåller två-tre e-böcker med så kallade feature deals och den andra delen innehåller en annons, även kallad Bookbub ad. Feature deals går ut på att författaren får ansöka om att inkludera sin e-bok i mailutskicken och Bookbub väljer sedan manuellt ut vilka böcker som inkluderas. Att vara med i en feature deal på Bookbub kan kosta upp till flera tusentals dollar för populära kategorier. Författarna eller utgivarna vars e-böcker är inkluderade i Bookbubs dagliga mailutskick måste betala för det och det är så Bookbub tjänar sina pengar. Jag kommer inte att gå in på feature deals mer i den här boken då jag själv aldrig lyckats få en feature deal på Bookbub.

Det är den andra delen av Bookbubs mail som är intressant för dig som Amazonutgivare. Den består av en annons, en Bookbub ad, där du har möjlighet att annonsera din e-bok utan att du behöver ansöka om det. En Bookbub ad exponeras i form av en klickbar bild, alltså en form av hyperlänk till e-bokens produktsida på Amazon. Hur du

gör för att få din e-boksannons att visas i mailen och få Bookbubs
prenumeranter att klicka på annonsen ska jag strax förklara.

Bookbub ads och autentisk marknadsföring

Sett ur ett autentiskt marknadsföringsperspektiv är Bookbubs dagliga
mailutskick mitt i prick då mailen landar hos de som självmant har
valt att prenumerera på dem, vilket gör att alla som får mailet
garanterat är e-boksläsare (annars hade de ju aldrig börjat
prenumerera på Bookbub!). De har dessutom klickat i att de är
intresserade av att läsa böcker i den kategorin som din bok ligger
inom. Om de även öppnar mailet är de med största sannolikhet också
beredda på att i vilket fall utvärdera om e-böckerna i mailet är värda
att köpa.

Om jag försöker sätta mig in i hur en Bookbub-prenumerant upp-
fattar Bookbub ads borde det gå till ungefär så här. Mailet med
dagens e-bok deals anländer och prenumeranten öppnar entusiastisk
mailet. Det finns redan en viss tillit mellan prenumeranten och
Bookbub som bygger på att Bookbub brukar presentera relevanta e-
böcker till ett schysst pris. Låt säga att de första två-tre böckerna med
feature deals inte fångade prenumerantens intresse, men
prenumeranten är ändå sugen på att köpa en e-bok och ser då
annonsen för din e-bok som exponeras direkt under feature deals.
Annonsbilden är lockande nog för att prenumeranten ska klicka på
den och prenumeranten förflyttas då till Amazon. Väl inne på
Amazon hamnar prenumeranten på e-bokens produktsida och där
behöver paketeringen av e-boken göra sitt för att prenumeranten ska
köpa boken.

Starta en Bookbub ads-kampanj

För att komma till panelen där du startar Bookbub ads behöver du börja med att öppna ett konto på Bookbub, vilket görs på Bookbub.com. När du har gjort det väljer du att klicka in i "Publishers & Authors", vilket finns att välja längst ner i menyraden på Bookbubs startsida. Därefter klickar du dig vidare till "My promotions" → "Bookbub ads" och till sist "Create an ad". Då hamnar du i vyn där du lägger in all information om annonsen och kan göra den tillgänglig för Bookbubs prenumeranter.

Kort och gott består en Bookbub ad av i huvudsak tre delar; en annonsbild, annonsens targets (det vill säga vilka Bookbub-prenumeranter annonsen ska visas för) och annonsbudgeten. Här förklarar jag övergripande hur du gör för att lyckas träffa rätt med alla tre delar.

Annonsbilden (Ad Creative)

Annonsbilden är mycket viktig för att en Bookbub ad ska bli lyckad. Det är den som syns i slutet av Bookbubs mail. Om annonsbilden inte är tillräckligt bra kommer de som får mailet inte att klicka på den. Jag är absolut ingen designexpert, men av alla olika typer av annons-bilder jag har testat här är en annonsbild innehållande bokomslaget, deal-priset och en kort intresseväckande text (max ett par ord) det som har gett flest klick och bäst resultat.

Bookbubs prenumeranter är vana vid att e-böckerna som inkluderas i mailutskicken är prissänkta och säljs för $0.00-$2.99. Men det går att använda Bookbub för att marknadsföra e-böcker som inte är prissänkta också. När jag gör en Bookbub ad för en e-bok vars normala pris är $2.99 brukar jag använda pocketbokens pris som referens och presenterar då e-bokspriset $2.99 som en deal i jämförelse med pocketbokspriset. I annonsbilden har jag då pocket-bokspriset överstruket och e-bokspriset väl synligt bredvid, allt för att stärka känslan av att det är en deal. På det här sättet går det alltså att använda Bookbub för att marknadsföra e-böcker som inte är prissänkta, men ändå skapa bilden av att prenumeranten får ett dealpris.

När jag gör en annonsbild börjar jag med att gå in i design-programmet Canva och välja en yta som är 300 pixlar i bredd och 250 pixlar i höjd, vilket är måttet på Bookbubs annonsbilder. Därefter inkluderar jag en så stor bild på bokomslaget som möjligt, deal-priset och en kort intresseväckande text. Ett exempel på hur detta kan se ut har jag lagt upp på inkomstmedbocker.se/extra.

Mitt sätt att designa annonsbilder till Bookbub ads är inte på något sätt facit så testa dig fram för att se vad som ger bäst resultat för dig och dina e-böcker!

Targets (Audience Targeting)

Precis som Amazon ads behöver Bookbub ads visas framför rätt personer som har ett intresse av att köpa e-böcker som liknar din e-bok. Med Bookbub ads görs det genom att rikta in annonsen på specifika kategorier, specifika författare eller både och. Personligen tycker jag att det ger bäst resultat att rikta in annonsen på specifika författare.

När annonsen riktas in mot en författare visas den för de prenumeranter som har valt att följa den författaren. Om du exempelvis har gett ut en bok om marknadsföring och vill nå läsare som gillar att läsa böcker om marknadsföring kan du med hjälp av författar-targeting välja att du vill att annonsen ska synas i mailutskick som går ut till läsare som följer exempelvis Seth Godin (en populär marknadsföringsförfattare i USA).

Det viktiga när man annonserar mot författare är att författaren, eller kombinationen av författare (det går att inkludera flera författare i samma annons) har tillräckligt många följare på Bookbub. Ett sätt att undersöka det är att skriva in författarens namn inne i Bookbub ads manager, då visar systemet automatiskt hur många som följer just den författaren. När du gör en Bookbub ad vill du ha en total targeting på minst ett par tusen personer som potentiellt sett ser annonsen. Detta för att annonsen ska ha möjlighet att generera tillräckligt med visningar.

En strategi som jag brukar använda för att hitta relevanta författare är att börja inne på Amazon. Där börjar jag med att välja en populär bok inom samma nisch som min egen e-bok och klickar mig in på den författarens "author page" inne på Amazon. Under författarens biografi inne på Amazonsidan brukar det finnas en samling med andra författare under "customers also read book by". Gör en snabb-research på de författarna som har gett ut böcker som liknar din och kolla av hur många följare de har på Bookbub, fyll sedan på med författare tills annonsen kan nå ett par tusen av Bookbubs prenumeranter.

Ibland kan det vara lockande att rikta in annonsen mot superkända författare som har hundratusentals följare bara för att annonsen ska visas framför många potentiella kunder. En sådan strategi kan fungera, men jag rekommenderar den inte. Enligt min erfarenhet är de som följer de riktigt stora författarna inte alls lika intresserade av att läsa böcker från "mindre" författare.

Budget och annonsauktion

Kostnaden för att få en Bookbub ad visad i ett mail varierar beroende på hur många andra annonsörer som för tillfället vill få sina annonser visade framför samma potentiella kunder som du. Ju fler annonsörer som budar på samma targets, desto högre blir kostnaden för att få annonsen visad. Det är alltså annonsörerna som driver upp priserna. Hur mycket pengar du som annonsör är villig att betala styr du själv genom att ange en annonsbudget. Bookbub skäms inte för att spendera annonsbudgeten och därför är det viktigt att aldrig skriva in ett belopp som du inte är bekväm med att betala. Å andra sidan är det viktigt att inte ha för liten budget, för då kommer inte annonsen vinna några budauktioner och därmed heller inte visas för några potentiella kunder.

När du gör annonsen kommer du se att Bookbub visar ett intervall över hur mycket pengar de flesta som vinner budauktionen brukar buda. Min strategi är att alltid buda något högre än vad intervallet visar. Annonsbudgeten och den faktiska kostanden du i slutändan betalar är inte alltid samma sak. Om fem annonsörer budar i toppen av Bookbubs intervall, låt säga $10, men du anger istället att du vill ha en annonsbudet på $11. Vad händer då? När budauktionen startar kommer du att vinna budauktionen eftersom att du budat högst. Summan du debiteras blir $10.01 och inte $11. Varför det blir så har att göra med att budgeten styr maxbeloppet på hur mycket pengar du är beredd att spendera, men kostanden du faktiskt debiteras är bara en cent över "tvåan" i budauktionen.

Ett viktigt val när det kommer till annonsbudgeten är om Bookbub ska spendera budgeten så fort som möjligt eller om de ska fördela den över antal dagar du har valt att ha annonsen igång. Första gången du gör en Bookbub-annons är min rekommendation att du fördelar budgeten på två-tre dagar.

Två olika strategier för att nå rätt kunder

När du gör en Bookbub ads-kampanj kan du välja mellan att visa din annons på två olika sätt. Ett sätt är CPC (cost per click) och ett annat är CPM (cost per 1 000 impressions). Skillnaden mellan dem är stor. Vid en CPC-kampanj betalar du enbart när någon klickar på annonsbilden, medan vid en CPM-kampanj betalar du för när annonsen visas, oberoende av om någon klickar på annonsbilden eller inte.

Personligen föredrar jag CPM-kampanjer för att jag då har möjligheten att styra budgeten så att annonsen garanterat visas genom att buda tillräckligt högt för att vinna budauktionen. När annonsen väl visas är det upp till mig att jag har gjort en riktigt bra annonsbild och riktat in annonsen mot rätt kunder för att annonsen ska generera klicks till bokens produktsida på Amazon. Med en CPM-kampanj kan jag alltså själv påverka i större utsträckning hur många som klickar på annonsen genom att rikta in annonsen på rätt författare och ha en annonsbild som målgruppen faktiskt klickar på.

Vi kan ta ett räkneexempel för att visa hur det fungerar i praktiken. Låt säga att jag är beredd att betala $15 för 1 000 impressions och att jag lyckas få 35 personer att klicka på annonsen. Då betalar jag 42 cent per klick ($15/35 klick). Lyckas jag istället göra en så pass attraktiv annonsbild att 60 personer klickar på den istället, då betalar jag bara 25 cent per klick ($15/60 klick). Om jag däremot ska göra en CPC-kampanj är det vanligt att behöva betala upp emot 70 cent per klick för att bli garanterad att vinna den budauktion som bestämmer vilken annons som ska visas.

Vilken typ av kampanj du själv föredrar är upp till dig. Vad som fungerar för mig kanske inte alltid fungerar för dig. Testa dig fram vilken typ (CPC eller CPM) som ger bäst resultat för dig och dina e-böcker.

Bakom kulisserna på en Bookbub-kampanj som genererade hundratals sales

När jag lanserade min bok Likes Don't Pay Bills gjorde jag det under ett helt nytt författarnamn. Jag hade inga sociala medier och ingen hemsida, men tack vara Bookbub ads kunde jag ändå få fart på försäljningen och sälja hundratals e-böcker bara under lanserings-månaden.

Innan jag investerade i Bookbub ads gjorde jag en Amazon ad för att försäkra mig om att det inte var några brister i paketeringen av boken. Amazon ads ger lite annan typ av data än Bookbub ads, vilket gör det enklare att följa upp om de som klickar på annonsen faktiskt köper boken eller inte. Med Amazon ads kan du direkt se hur många gånger boken visas i flödet, hur många som klickar på annonsen och hur många som köper boken. När jag hade bevis på att hela kedjan visning->klick->köp var tillräckligt optimerad och målgrupps-anpassad gjorde jag ett par Bookbub ads med olika annonsbilder och olika targets för att testa vilken kombination som gav lägst klick-kostnad och bäst resultat.

Kom ihåg att vid en CPM-kampanj på Bookbub betalar du för antal visningar så du behöver testa kombinationen av annonsbild och targeting för att se att läsarna klickar på bilden i tillräckligt stor utsträckning innan du pangar på med de stora annonspengarna. När jag hittade en kombination som jag vid tillfället tyckte var tillräckligt

bra (fler än 2 % som såg annonsen klickade på den) ökade jag
successivt budgeten för att annonsen skulle generera fler visningar.

Successivt skruvade jag upp budgeten och försökte få fler och fler
visningar som i sin tur gav fler klicks och fler sales. På
inkomstmedbocker.se/extra har jag lagt upp en screenshot som visar
hur jag försökte öka försäljningen steg för steg i hopp om att Amazon
skulle plocka upp e-boken och börja rekommendera den på egen
hand. Det lyckades på sätt och vis genom att Amazon valde att
behålla priset på e-boken på $0.99 i en månad efter att min Bookbub
ads-kampanj var slut trots att jag själv höjde priset på e-boken till
$2.99 och fick royalties som om e-boken kostade $2.99. Amazon
valde alltså att tillfälligt förlora pengar på att sälja min e-bok för att
kunna erbjuda sina kunder en bra deal, vilket ligger helt i linje med
deras strategi att ge kunderna vad de vill ha och därigenom öka tilliten
mellan dem och plattformen.

Avslutande tankar om Bookbub ads
För mig har Bookbub ads en central plats i mina marknadsförings-
kampanjer och jag rekommenderar verkligen att du själv testar
Bookbub ads. Om du gör en CPM-kampanj där du betalar för antal
visningar kommer det att ställa höga krav på annonsbild och
targeting. Ett sista tips när det kommer till Bookbub ads är att
förutom att annonsera mot USA kan du annonsera mot både
England och Kanada. Det görs enkelt genom att gå in på engelska
Amazon (Amazon.co.uk) och kanadensiska Amazon (Amazon.ca)
och inkludera .co.uk-hyperlänken och .ca-hyperlänken till din e-bok
i Bookbub ads manager.

13. Hur du skalar upp och ökar bokförsäljningen

En av anledningarna till att många är intresserade av att testa på Amazonutgivning är för att hela strukturen och affärsmodellen kring Amazonutgivning är skalbar. Att en affärsmodell är skalbar innebär att det inte finns någon linjär koppling mellan hur många timmar du jobbar och hur mycket pengar du tjänar. Skalbara affärsmodeller har på så sätt möjligheten att generera mer och mer intäkter utan att tidsinvesteringarna ökar i samma omfattning.

Skalbara affärsmodeller kan ha en snudd på förförisk aura kring sig och det är lätt att gå i fällan och tro att man inte behöver investera någon tid alls för att lyckas tjäna pengar, vilket såklart inte är riktigt sant. Tvärtom tar det oftast mer tid att få snurr på skalbara affärsmodeller än vad man först tror, men att lägga ner den tiden är oftast väl värt.

Den skalbara effekten av Amazonutgivning kommer från att Amazons kunder kan hitta och köpa din bok, utan att du som utgivare behöver vara närvarande vid varje transaktion. Istället kan du lägga tid på att utveckla nya böcker och på så sätt erbjuda Amazons kunder ännu fler böcker att köpa, vilket då på sikt kommer att öka dina intäkter.

På det sättet som Amazonutgivning är uppbyggt finns alla möjligheter att skala upp intäkterna utan att öka tidsinvesteringarna. En förutsättning för att kunna göra det är dock att du har fått bevis på att Amazons kunder faktiskt köper din bok.

När du har fått bevis på att Amazons kunder köper din bok, då kan du rikta blickarna mot att börja skala upp intäkterna. De Amazon-utgivare som har lyckats skala upp sina intäkter och tjänar riktigt bra med pengar på sina böcker men också har varit generösa nog att berätta hur de har gjort, har flera saker gemensamt som jag vill lyfta fram i det här kapitlet. Men först ska vi titta på några saker du kan göra om din publicerade bok inte säljer.

Felsökning om din bok inte säljer trots autentisk marknadsföring

Få saker kan kännas lika frustrerande som att lägga ner tid, pengar och energi på att ge ut en bok och sen mötas av tystnaden av att boken inte säljer. Innan jag beskriver hur du kan felsöka och reparera felet för att få igång försäljningen vill jag bara vara tydligt med att det är stor skillnad på om en bok säljer något ex här och där jämfört med om en bok inte säljer någonting alls. Om din bok säljer några enstaka ex här och där är det bevis nog på att Amazons kunder faktiskt köper boken. Men om boken inte säljer alls, då ligger felet troligtvis i någon av de här tre delarna:

1) Bokomslaget och titeln attraherar inte rätt kunder

Lite klyschigt brukar man ju säga att man inte ska döma en bok efter omslaget, men det är precis vad de allra flesta gör! Omslaget behöver tydligt signalera bokens nisch och se proffsigt ut för att fånga upp-märksamhet från rätt kunder. Om det inte gör det, då är det uppförs-backe för försäljningen redan från start.

Om din bok inte säljer och du tror att det kan ha något med omslaget att göra är min rekommendation att byta omslag så fort du kan. Flera gånger har mina böcker börjat sälja stabilt varje vecka efter det att jag har uppdaterat ett omslag till en bok som inte sålt innan.

2) Produktsidan gör inte kunderna sugna på att köpa boken

Låt säga att felet inte ligger i bokomslaget, vilket du kan veta om du gör betald annonsering och annonsen genererar klicks till bokens produktsida, men boken ändå inte säljer. Då är det med största sannolikhet en eller flera brister på bokens produktsida.

Det du kan göra då är att se över så att priset på boken ligger i linje med andra liknande böcker, att bokbeskrivningen ger ett tydligt löfte till läsaren vad läsaren får ut av att läsa boken och att "look inside"-vyn besvarar det utlovade löftet på ett tillräckligt intresseväckande sätt.

3) Fel eller för lite trafik till boken

En vanlig missuppfattning om en bok inte säljer är det måste betyda att det inte är tillräckligt mycket trafik till den. Det kan vara så, men oftast vill jag påstå att anledningen till att en bok inte säljer, egentligen inte har något med trafiken till boken att göra.

Sanningen är den att det inte hjälper ett dugg att försöka få igång försäljningen enbart genom att öka trafiken till boken så länge inte bokomslaget och produktsidan gör sitt. Tvärtom kan mer trafik till en bok som inte säljer göra problemet värre genom att Amazon då matas med mer data om att deras kunder inte är intresserade av att köpa boken.

Men om det nu trots allt faktiskt är så att en bok inte säljer på grund av för lite trafik är det ett relativt enkelt problem att lösa genom att se över bokens metadata (sökord, kategorier, m.m.) och spendera pengar på trafikgenererande annonser som exempelvis Amazon ads eller Bookbub ads.

Sista utvägen - publicera om boken

Om försäljningen inte kommer igång trots alla försök att rätta till eventuella felaktigheter är den sista utvägen att publicera om boken helt och hållet, med en ny titel, nytt omslag och ny bokbeskrivning. Om du bara har lagt upp en e-bok kan du ompublicera boken helt och hållet utan att avpublicera den gamla, men om du har lagt upp både en e-bok och en pocketbok måste du avpublicera både e-boken och pocketboken innan du publicerar om dem på nytt. Anledningen till varför du måste avpublicera pocketboken är för att Amazon låser titeln, subtiteln och författarnamnet på pocketboken efter att den har gått live.

Att avpublicera en bok är enkelt. Gå in på ditt KDP-konto, tryck på Bookshelf och titta längst till höger inom bokens ruta under "your books". Där finns tre prickar. Håll muspekaren över dem, längst ner står det "unpublish book". Tryck där, sen är du redo att börja om.

Jag har en regel för mig själv innan jag tar steget att ompublicera en bok. Den är att jag först ska ha gjort ett ordentligt försök att få boken att börja sälja. Om boken inte säljer är det sällan fel på innehållet i boken utan felet beror 99 gånger av 100 på att paketeringen (titeln, subtiteln, bokomslaget, bokbeskrivningen och "look inside") inte tilltalar den tilltänkta målgruppen.

Innan du ompublicerar en bok rekommenderar jag att du lägger en del tid på att analysera vilken del av paketeringskedjan som brister och gör en plan för vad du behöver åtgärda och hur det ska gå till.

Tänk dig in i en Amazonkunds perspektiv och fundera kring; är omslaget tilltalande nog för att fånga den tänkta målgruppens intresse och få dem nyfikna på att vilja veta mer om boken? Om svaret på den frågan är ja, vad är det då med bokbeskrivningen eller "look inside" som gör att de ändå inte köper boken? Det skulle exempelvis kunna vara att bokbeskrivningen upplevs rörig eller manipulativ eller att "look inside"-vyn inte är tillräckligt intresseväckande.

Ompublicering kan ge bra effekt. Vid ett tillfälle när jag coachade en person som gav ut böcker inom relationsnischen hade vi svårt att få fart i boken med titeln "Solo Mom Finds: How to get your ex back fast". Då hade boken ett omslag som inte solklart signalerade non fiction, så läsarna hade svårt att veta om det var en fictionbok eller en nonfictionbok. Efter att vi publicerade om boken med titeln "Get Him Back" och gjorde omslaget likt alla andra relationsboksomslag inom nischen kom försäljningen igång direkt. Exakt samma innehåll i boken men paketeringen var helt annorlunda. Tydlighet i paketeringen av boken är ofta nyckeln till att få igång försäljningen.

Skala upp genom att äga kontakten med dina kunder och följare

En av de mest värdefulla tillgångarna du kan ha som säljare, oavsett om du säljer böcker på Amazon, säljer hudvårdsprodukter i din egen webbshop eller driver en restaurang är att du själv äger kontakten med dina kunder och följare. Att äga kontakten med sina kunder och följare går att uppnå på olika sätt där det vanligaste är att ha dem samlade i en e-postlista. Nu kanske du tänker att e-post låter gammalmodigt och tråkigt, men det behöver det inte vara. E-post kan vara rockigt!

Att ha dina kunder och följare samlade i en e-postlista innebär en väsentlig skillnad jämfört med att endast ha kontakten med dina kunder och följare på någon av de stora sociala media-plattformarna, så som många säljare har idag. På sociala medier hyr du mer eller mindre möjligheten att nå dina kunder och följare och du äger inte kontakten till dem på samma sätt. Låt säg att du har alla dina kunder och följare på Instagram. Eftersom Instagram äger sin plattform och själva kan bestämma över den kan de när som helst stänga ditt konto eller ändra sina villkor så att du inte kan nå dina kunder. Har du dina kunder och följare samlade i en e-postlista är det du som äger kontakten till dem och du är inte beroende av någon annan part för att sälja dina produkter och tjänster.

Som Amazonutgivare ger en e-postlista bäst effekt om de som har anmält sig till listan har ett genuint intresse av att läsa böcker inom samma nisch som du ger ut inom. Med en e-postlista fylld av personer som har det intresset kan du förvänta dig att de öppnar dina e-postutskick och faktiskt vill veta vad du har att säga. Ett upplägg som rimmar väl med autentisk marknadsföring.

Utmaningen med en e-postlista är att få just rätt personer att anmäla sig till den, vilket teoretiskt sett är förhållandevis enkelt att uppnå. Teoretiskt sett är den enklaste strategin, om man ens kan kalla det en strategi, att inte fokusera på det överhuvudtaget. Istället är det bättre att lägga allt kraft och energi på att sälja så många ex av boken som möjligt och låta bokens slutord göra jobbet med att fånga upp rätt personer och leda dem vidare att anmäla sig till e-postlistan. När det är upp till slutet av boken att göra jobbet med att fånga upp rätt personer till e-postlistan innebär det att desto fler som köper boken, ju fler personer kommer sannolikt att anmäla sig till e-postlistan. Med en sådan strategi ligger allt fokus på att göra boken så lättillgänglig för rätt kunder som det bara går och få så många som möjligt att köpa och läsa boken.

Även om detta är en enkel strategi som med säkerhet kommer att fylla e-postlistan med personer som faktiskt har läst boken och som vill höra mer från dig, är den helt beroende av att du säljer många böcker eftersom majoriteten av alla som läser boken och tycker att den är bra ändå inte kommer att anmäla sig till e-postlistan. Därför kan det vara bra att ha en annan strategi som komplement nära till hands.

Ett sätt att få fler att anmäla sig till e-postlistan är att erbjuda något i utbyte mot att de anmäler sig. Inom e-postmarknadsföring brukar detta kallas för att erbjuda en "freebie" eller "lead magnet". En freebie eller lead magnet har som syfte att öka incitamentet att anmäla sig till e-postlistan genom att direkt ge något värdeskapande i utbyte mot en persons e-postadress. Det finns olika strategier när det kommer till vilken typ av freebie eller lead magnet som är bäst. Jag tycker att en lämplig freebie är någon typ av kortare e-bok som adresserar samma akuta frågeställning som du har baserat din bok på. På så sätt vet du att de som anmäler sig till e-postlistan och tar del av freebien med största sannolikhet även är intresserade av att läsa din bok.

Utöver att låta läsarna hitta länken till freebien i slutet av boken kan du också använda sociala medier för att dra trafik till freebien. Då kan du med relativt enkla medel använda en plattform som Instagram i syfte att få följare som sedan anmäler sig till din e-postlista. Syftet med Instagram i det här fallet är då att använda Instagram som en trafikkälla för att äga kontakten med dina följare och kommande kunder.

Hur du ökar intäkterna med hjälp av en e-postlista

När du har börjat fylla e-postlistan med rätt personer börjar nästa utmaning, nämligen att sälja i e-post! Ett sätt att lyckas sälja i e-post är att inte sälja hela tiden, utan att mixa upp säljandet med helt vanliga intressanta och värdeskapande e-postmeddelanden där du inte förväntar dig någonting tillbaka av de som öppnar och läser dina e-postutskick. En vanlig ratio mellan säljande och icke-säljande brukar vara 20 % sälj och 80 % icke-sälj, men jag tycker inte att det är hugget i sten. Du kan testa dig fram och se vad som funkar bäst för dig.

Utmaningen med att driva en e-postlista är att hela tiden ha något värdeskapande att dela med sig av, så att de som får dina e-postutskick tycker att det är värt att öppna och läsa dem. Personligen tycker jag att det pratas på tok för lite om hur man gör för att hela tiden ha värdeskapande och intressanta ämnen att dela med sig av. Enligt min bild är det svårt att skriva värdeskapande och intressanta e-postutskick ur ett vakuum. Med det menar jag att det ställer krav på dig som person att jobba aktivt för att hitta intressanta ämnen som du kan paketera ihop till e-postutskick på ditt unika sätt. Mitt bästa tips när det kommer till att hitta intressanta ämnen är att läsa böcker. Som jag skrev tidigare läser jag ungefär 45 minuter om dagen och utöver att läsandet är en hobby bidrar det till att jag hela tiden exponerar mig själv för nya idéer, vilka bidrar till nya insikter och nya kopplingar mellan olika ämnen. Dessa använder jag mig frekvent av när jag komponerar ihop e-postutskick till mina olika e-postlistor.

En annan viktigt del i e-postmarknadsföring är att du bör skicka ut e-post med jämna mellanrum, så att de som har anmält sig till dina utskick inte glömmer av vem du är. Min rekommendation är att skicka ut minst en gång i månaden, men gärna oftare om du har möjlighet.

När jag coachar inom Amazonutgivning pushar jag alltid för att starta en e-postlista så tidigt i processen som det bara går och jag vill ge samma uppmaning till dig. Starta en e-postlista så fort du har fått bevis på att din bok säljer! När du sedan ger ut din andra bok kommer du snabbt se värdet av att ha en e-postlista. Med hjälp av e-postlistan kan du också nå ut till dina kunder och be om ett omdöme på din bok i samband med lanseringen.

Skalbarhet genom att publicera fler böcker inom en och samma nisch

Så fort du har fått bevis på att Amazons kunder köper din bok och du har ett system för att fånga upp dina kunder och följare i en e-postlista har du alla förutsättningar för att lyckas skala upp din Amazonutgivningsbusiness.

En gemensam nämnare för i stort sett alla som har lyckats skala upp försäljningen på Amazon är att de har publicerat flera böcker inom samma nisch. När du har publicerat minst två böcker inom samma nisch kan du göra en seriesida inne på Amazon. En seriesida är en sida där alla böcker inom serien är listade och därifrån kan Amazons kunder köpa alla böcker i serien med ett enda klick. Serienamnet är även sökbart, vilket innebär att du kan inkludera sökord i serie-namnet, vilket i sin tur ger dina böcker ännu mer exponering inne på Amazon. Med andra ord kan seriesidor vara raketbränsle för försäljningen!

Förutom att kunna göra seriesidor innebär möjligheten att kunna erbjuda Amazons kunder mer än en bok helt andra matematiska förutsättningar om du gör betald annonsering. För att visa det ska jag jämföra två scenarion, där det första bygger på att ha gett ut en bok och det andra på att ha gett ut tre böcker.

Scenario 1:

Säg att du säljer en fristående e-bok för $4.99 med 70 % royalties. För varje sålt ex får du då $3.49 ($4.99 x 0,7). Om du gör betald annonsering och du säljer en e-bok till var tionde som klickar på annonsen går annonsen plus/minus noll vid budnivån $0.349 per klick ($0.349 x 10 = $3.49). Om du minns från kapitlet om Amazon ads är det svårt att vinna några budauktioner om du inte budar tillräckligt högt. Detta gäller både sökordskampanjer och produkt-kampanjer. Om gränsen för annonsen att gå plus/minus noll är vid $0.349 per klick är det svårt att få annonsen att vinna budgivningar vilket begränsar möjligheterna för hur många gånger annonsen kommer kunna visas, vilket då i sin tur begränsar hur många ex av e-boken som potentiellt sett kan säljas.

Scenario 2:

Säg istället att du har publicerat tre e-böcker, där alla tre e-böcker är inom samma nisch och riktar sig till samma potentiella kund. E-böckerna kostar även här $4.99 styck och du får 70 % royalties motsvarande $3.49 per sålt ex. I det här fallet har du helt andra matematiska förutsättningar för att få ekonomi i betald annonsering.

Om du annonserar bok ett i serien och för varje läsare som köper bok ett vet du att hälften av dem också köper bok två för $4.99 och av de som köper bok två köper hälften även bok tre för $4.99. Om du då säljer 100 ex av bok ett, vet du att du kommer sälja 50 ex av bok två och 25 ex av bok tre. Värdet av att sälja en bok via annonsen blir då (($4.99 x 70 %) + 0,5($4.99 x 70 %) + 0,25($4.99 x 70 %)) = $6.11. Fortfarande är det en av tio som klickar på annonsen som köper boken, men i och med att du vet att du i slutändan tjänar $6.11 per såld bok kan nu betala $0.61 per klick, istället för $0.349, utan att gå minus på annonsen. Med en så markant högre tålighet kan du buda högre, vinna fler budauktioner och få fler visningar på annonsen. Att publicera flera böcker i en serie gör alltså att du enklare får ekonomi i din betalda annonsering.

Författarsidor

På Amazon har du möjlighet att göra en författarsida (author profile) där du kan skriva en biografi om författaren, lägga in ett foto och ha alla författarens böcker listade. Att göra en författarsida går lika bra oavsett om du har gett ut din bok under ditt eget namn eller under ett påhittat pseudonym. Om du surfar in på Amazon och går in på någon av dina favoritförfattare kan du se hur en författarsida ser ut. Du kan enkelt göra din egen författarsida genom att gå in på www.authorcentral.amazon.com och sedan följa instruktionerna där.

Kärnan i författarsidan är bilden och texten. Om du har gett ut din bok under eget namn kan du ha en bild på dig själv och om du har gett ut boken under ett pseudonym kan du använda ett stockfoto från Shutterstock.com eller något liknande.

När du skriver texten, sätt dig in i läsarnas perspektiv och fundera över vad de vill veta. Med största sannolikhet vill de veta vad de får ut av att läsa dina böcker, så fokusera på att kommunicera det. En miss många gör, enligt mig, är att de bara skriver om sig själva i texten. Visst, det är en "om"-text men är det inte lite tråkigt att läsa en halvskrytig "om"-text? Istället tycker jag att du bör använda texten på författarsidan som ett sätt att bygga förtroende med läsarna och stärka bilden av att du är rätt person som ger ut boken.

Öka trafiken och testa nya marknadsföringssätt

Att öka trafiken till böckerna är en central del i att skala upp, men som jag har skrivit om innan fungerar det bara om alla bitar i bokens paketering är på precis rätt plats. Förutom att använda Amazon ads och Bookbub ads för att öka trafiken är många Amazonutgivare flitiga på att marknadsföra sina böcker på sociala medier.

Sociala medier kan fungera för att öka trafiken till böckerna, men det kan också vara en riktig tidstjuv. Jag brukar sällan rekommendera sociala media-marknadsföring inom Amazonutgivning. Anledningen till det är att många som använder sociala medier är helt ointresserade av att läsa böcker och som marknadsförare är det lätt att gå i fällan och försöka samla på sig stora följarkretsar i hopp om att antalet följare är det som räknas. Det som riskerar att hända då är att det går åt mycket tid till att bygga upp en följarkrets som kanske egentligen inte har ett intresse av att köpa dina böcker på Amazon.

Om du ändå vill ge sociala medier en chans är strategin för att lyckas i princip desamma som vid all typ av autentisk marknadsföring. Följarna på sociala medier måste vara i fokus och du som marknads-förare måste ge dem något de vill ha, för att sedan leda dem vidare till att köpa din bok. Och kom ihåg, du vill bara ha följare som faktiskt är intresserade av det du har att erbjuda!

Andra sätt att öka trafiken är exempelvis genom en hemsida, genom Youtube, eller att vara med i en podd. Men vid någon punkt finns det dock en begränsning i vad en Amazonutgivare kan göra på egen hand för att öka trafiken till sina böcker. Stora trafikökningar kommer främst från att andra personer börjar rekommendera dina böcker till sina vänner och följare.

Avslutande tankar om att skala upp

Mig veterligen finns det inga genvägar eller hemligheter när det kommer till att skala upp. Ta ett steg i taget och börja med att få boken att sälja med Amazon ads och Bookbub ads innan du ger dig på andra mer avancerade marknadsföringssätt.

Som du kanske har uppmärksammat har jag inte skrivit någonting om hur du gör för att få omdömen på en bok, mer än att du kan använda slutordet i boken och även använda din e-postlista i samband med lanseringar. Men e-postlistan blir aktuell först efter att du har lanserat boken, så hur gör du då för att snabbt få omdömen på boken? Det bästa sättet att få omdömen på en bok är att paketera ihop boken på ett proffsigt och målgruppsanpassat sätt, marknadsföra boken till rätt kunder och ha is i magen. Under förutsättning att boken då ger svar på läsarnas mest akuta frågeställningar kommer omdömena börja trilla in automatiskt.

Till sists vill jag också säga att omdömen är en sak som många Amazonutgivare lägger stort fokus vid och där resonemanget är att fler omdömen automatisk leder till ökad försäljning. Enligt min erfarenhet behöver det inte vara så. Visst hjälper det försäljningen att boken har ett par omdömen, men fler omdömen garanterar inte att försäljningen ökar. Det bästa sättet att skala upp är att publicera fler böcker i samma serie, paketera dem på ett proffsigt sätt och marknadsföra dem till rätt kunder.

14. Low content-publicering

En växande trend inom Amazonutgivning är att publicera low content-böcker. Low content definieras som böcker utan, eller med begränsat med textinnehåll. Typiskt för low content är olika typer av aktivitetsböcker. En aktivitetsbok kan exempelvis vara en målarbok, en korsordsbok, en sudokubok, en anteckningsbok, en dagbok eller en planeringsbok. Om du surfar runt inne på Amazon kommer du ganska snabbt märka att det finns mängder med low content-böcker om precis allt och lite till.

För ett par år sedan pratade knappt någon Amazonutgivare om low content, men nu är det på mångas läppar. Hur kan det komma sig? En stor anledning till att low content har fått ett så stort uppsving bland Amazonutgivare är på grund av de relativt små uppstartskostnaderna i jämförelse med att anlita en spökskrivare och tillverka en "vanlig" bok. Förutom små uppstartkostnader går det även snabbt att få ut low content-böcker på marknaden då tillverkningen av dem i många fall utgår ifrån olika färdiga mallar. Det innebär att det går snabbt att publicera ett stort antal low content-böcker till en liten kostnad, vilket gör att det går snabbt att bygga upp en portfölj av böcker som har potential att generera den där åtråvärda passiva inkomsten som de flesta av oss Amazonutgivare suktar efter.

Low content-publicering har vuxit lavinartat och det finns de som har publicerat så många som tusentals low content-böcker för att försöka göra sig en hacka på den växande efterfrågan av aktivitetsböcker. För att lyckas med det vet jag de som har varit så finurliga att de har gjort ett dokument med 200 linjerade sidor, slaskat på ett hemmagjort bokomslag och publicerat det som en "anteckningsbok". Kan man verkligen göra så kanske du tänker, och köper verkligen någon en sådan bok? Ja, det kan man. Och ja, det säljer.

Jag har följt utvecklingen av low content lite på håll en tid och under år 2021 kände jag att det var dags att själv testa att publicera några low content-böcker för att bilda mig en egen uppfattning av om, och hur, publicering av low content fungerar. Detta kapitel är en liten case study av vad jag än så länge har lärt mig om att ge ut low content-böcker.

För- och nackdelar med low content

De största fördelarna med low content tycker jag helt klart är uppstartskostnaderna och tiden. Du kan gå från bokidé till färdig bok på bara några dagar och endast spendera en bråkdel av pengarna mot vad det kostar att ge ut en vanlig bok.

Nackdelen däremot är att i stort sett alla low content-böcker bara kan säljas som fysiska böcker. Det innebär att hela e-boksmarknaden och ljudboksmarknaden är utom räckhåll, en stor nackdel då de digitala bokformaten växer år för år och omsätter mer och mer. Att inte kunna ha en bok utgiven även som e-bok för också med sig att en rad marknadsföringsplattformar som exempelvis Bookbub, som enbart riktar in sig mot digitala böcker, helt spelar ut sin roll. Du som utgivare är då i princip helt beroende av Amazon ads för att nå rätt kunder.

Att välja rätt low content-nisch

Amazon gör ingen skillnad på en vanlig fysisk bok och en low content-bok. Det innebär att alla fysiska böcker som säljs på Amazon är med i samma ranking. Du kan alltså analysera best seller rankingen på samma sätt som för andra böcker att få en indikation på om en viss typ av low content-bok säljer eller inte. Om du har glömt av hur du hittar best seller rankingen får du en liten uppfräschning här. Gå in på valfri low content-bok, bläddra ner till "Product details" och där läser du av rankingen i "Best seller rank in books". Ser du en ranking på #100 000 eller lägre (bättre), innebär det att du har hittat en bok som säljer minst ett par ex i veckan. Med hjälp av best seller ranks kan du då undersöka om flera böcker inom en viss low content-nisch säljer eller inte och därigenom välja att gå vidare med att tillverka den typ av low content-bok som du vet att Amazons kunder faktiskt köper.

Lärdomar från mina low content-böcker
När jag hade bestämt mig för att testa på low content-publicering var det första jag gjorde att titta på Youtubeklipp och lyssna på andra Amazonutgivare som publicerar mycket low content. Ganska tidigt stod det klart att de flesta som höll på med low content hade en sak gemensamt. De pratade om att det är viktigt att hitta en "het" nisch med ett till synes litet utbud i kombination med en hög efterfrågan.

I teorin är detta en briljant strategi, men av erfarenhet vet jag att verkligheten på Amazon är en annan. De "heta" mindre nischerna med hög efterfrågan är svåra att hitta, om de ens finns. För den som vill sälja många böcker och tjäna mycket pengar är det trots allt bättre att försöka bryta sig in i de större mer kommersiella nischerna.

Att de mindre nischerna inte genererar lika mycket trafik och inte omsätter lika många sålda böcker är enkelt att se. Det är bara att titta på best seller ranks på flera böcker i de olika topp 100-kategorierna för att se vilken av alla kategorier som är den som omsätter flest sålda böcker.

På tal om mindre nischer vill jag för tydlighetens skull poängtera att jag inte har något emot mindre nischer. En mindre nisch kan fylla ett tydligt syfte om det är för att lära sig publiceringsprocessen och utveckla sina kunskaper inom Amazonutgivning, för att på sikt kunna bryta sig in i större nischer med mer potential. När jag valde low content-nisch bestämde jag mig för att inte leta efter en "het" liten nisch utan istället vända blickarna mot de stora nischerna, då jag kände mig trygg i att den kunskapen jag har om Amazon och Amazon ads skulle hjälpa mig att åtminstone ha en chans att bryta mig in där.

Efter det att jag hade gjort research inom flera olika nischer stod det slutligen mellan att publicera målarböcker eller sudokuböcker. Vågskålen tippade tillslut över till fördel för sudokuböcker, dels för att det verkade enklare att tillverka och dels för att sudokuböcker är en väldigt speciell typ av bok som bara lockar de som verkligen är intresserade av sudoku. Det gör att köpresan för en sudokukund inte innehåller lika många utvärderingsmoment som för de som letar efter andra typer böcker. För hur det än är så kan ett sudokupussel inte skilja sig så enormt mycket åt från ett annat, bortsett från svårighetsgraden. Vill en kund köpa en sudokubok, då är det en sudokubok kunden vill köpa. Om en kund däremot är på jakt efter en målarbok kan det vara så att det måste vara en målarbok med vissa speciella motiv, vilket leder till att köpresan innehåller fler ställningstaganden som kan komma att påverka försäljningen.

Att skriva till marknaden för low content

Att tillverka en low content-bok, oavsett inom vilken low content-nisch du väljer att ge ut inom, har mycket gemensamt med att tillverka en non fiction-bok. Även om en low content-bok innehåller begränsat med text måste du ändå se boken ur kundens perspektiv och vara säker på att boken levererar det som kunden förväntar sig.

Frågeställningar som, *Ger boken värde till läsaren? Vad är det läsaren vill få ut av boken? Hur ska boken kunna leverera det?* är minst lika viktiga inom low content och konceptet kring att skriva till marknaden är alltså i allra högsta grad aktuellt även här.

På Amazon finns det tiotusentals omdömen på olika low content-böcker. När jag skulle tillverka mina sudokuböcker började jag med att gå igenom omdömena på de bästsäljande sudokuböckerna. Det tog mig bara en timme att få tillräckligt med information på fötterna för att veta vad som var bra (eller mindre bra) med flera av de bästsäljande sudokuböckerna på Amazon. Som exempel var en genomgående kommentar i många omdömen att kunderna klagade på att rutorna i många av sudokuböckerna var för små, vilket resulterade i att det inte fanns tillräckligt med plats att skriva fel, eller knappt någon plats att skriva alls. När jag kände att jag visste vad sudokumarknaden efterfrågade köpte jag ett datorprogram som automatiskt genererar sudokupussel och började med att tillverka tre sudokuböcker.

Hur du hittar innehåll till low content-böcker

Det finns flera olika sätt att ta fram innehållet till en low content-bok. Beroende på vilken low content nisch du har valt kan du köpa ett program som genererar innehållet till böckerna, så som jag gjorde för mina sudokuböcker, eller så kan du köpa färdiga mallar från exempelvis fiverr.com eller etsy.com. Om du väljer att köpa en mall, var bara noga med att du har rätt att faktiskt publicera mallen på Amazon. Ett annat alternativ är att själv designa och tillverka innehållet i din low content-bok.

Paketering av en low content-bok

Strategin för att lyckas med att sälja low content böcker är exakt densamma som för non fiction. En förutsättning för att ha en chans att sälja low content-böcker är att Amazons kunder på något sätt får upp ögonen för boken genom att omslaget signalerar rätt budskap. Därefter måste produktsidan med bokbeskrivning och "look inside" göra sitt jobb för att få kunden att köpa boken. Det innebär alltså att bara för att det är "lättare" att tillverka en low content-bok betyder inte det att paketeringen av boken är enklare eller mindre viktig.

Publicera din low content-bok på rätt sätt

Publiceringen av low content-böcker går till på exakt samma sätt som vid paperback-publicering på KDP. Det betyder att all metadata måste vara relevanta och du kan lägga till upp till tio kategorier även på din low content-bok. Prissättningen av boken bör matcha med andra böcker inom nischen, möjligen marginellt högre för att täcka de annonskostnader som i princip är ett måste för att få fart på försäljningen.

Få fart i low content-försäljningen

Även när det gäller försäljning av low-content jobbar Amazon för att sälja rätt bok till rätt kund. Du kan gå tillbaka i boken och läsa om allt från hur Amazons algoritmer fungerar, till olika Amazon ads-strategier och vidare till hur du kan göra för att skala upp försäljningen. Allt det här är direkt applicerbart även på low content.

Resultatet från försäljningen av mina sudoku böcker

Så hur gick det egentligen för mina sudokuböcker? I ärlighetens namn, sådär. Under 2021 genererade de $2,500 i royalties efter $1,500 i annonskostnad, vilket vittnar om att som utgivare av low content kan det vara svårt att få igång försäljningen och man är förhållandevis beroende av betald annonsering för att lyckas sälja sina böcker.

Innehållsmässigt verkar kunderna dock hyfsat nöjda. Böckerna har fått övervägande positiva omdömen men jag är övertygad om att det säkert går att tillverka mycket bättre sudokuböcker än vad mitt datorprogram klarar av.

Sammantaget är jag ändå nöjd med mitt low content-test och jag rekommenderar dig att också testa på low content-utgivning om du snabbt vill komma igång med att testa på att ge ut din egen bok på Amazon!

Slutord

Av alla böcker som finns att välja bland vill jag tacka dig extra mycket för att du valde just *E-royalties* och läste hela vägen till slutet.

I introduktionen skrev jag att mitt mål med den här boken är att du ska få den information du behöver för att du ska kunna tillverka, publicera och marknadsföra böcker på Amazon som Amazons kunder vill betala för och som kan generera inkomst till dig varje månad.

Tycker du att boken har levt upp till det?

Om du tycker att boken har levt upp till dina förväntningar (eller mer därtill) då får du väldigt gärna skriva det i ett omdöme om boken. Detsamma gäller om du tyckte att boken bara innehöll sådant som du enkelt hade kunnat Googla dig fram till eller hitta på Youtube, då vill jag gärna veta det också!

För dig som vill veta ännu mer om Amazonutgivning, få en inblick i de senaste trenderna och marknadsföringsstrategierna, men också mycket annat om att lyckas med dina böcker på Amazon rekommenderar jag att du anmäler dig till mitt veckobrev *Onsdagsbrevet*. Där delar jag även med mig av en djupare inblick i mina böcker och hur jag gör för att hela tiden utveckla min egen bokbusiness.

Anmälan till *Onsdagsbrevet* är helt gratis och görs på www.inkomstmedbocker.se/brev.

Till sist vill jag återigen tacka dig för att du läste den här boken och
önska dig ett stort lycka till med dina egna böcker!

Christian Öberg
inkomstmedbocker.se

www.ingramcontent.com/pod-product-compliance
Lightning Source LLC
LaVergne TN
LVHW042150190726
843493LV00006B/1593